8권

여호와의 리더십 학교

도서출판 토기장이

토기장이 바이블 스터디 틴 시리즈는
한국교회의 청소년들이 영적으로 각성되고
말씀 위에 세워지기를 소망하며
토기장이에서 만든 청소년 성경공부 교재입니다.

특별한 표기가 없는 모든 성경 구절은 개역개정성경을 인용한 것입니다.

Contents

1. 내면의 삶 가꾸기

2. 여호와의 리더십 학교

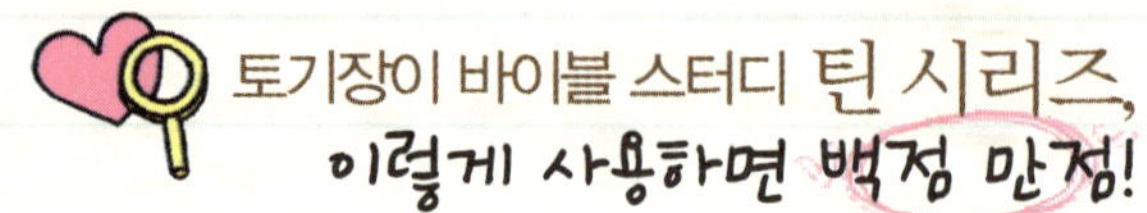

「토기장이 바이블 스터디 틴 시리즈」는 한 가지 주제 아래 통일성 있는 예배 진행을 위한 교재로서 '찬양-설교-2부 순서-성경공부'까지 물 흐르듯 연결되어 예배의 집중도를 높이고, 짧은 성경공부 시간을 최대한 활용할 수 있도록 구성된 교재입니다.

마음을 열어봐!

성경공부를 시작하기 전, 간단하지만 톡톡 튀는 아이디어들이 가득한 짧은 활동을 통해 성경공부에 대한 기대감과 흥미를 갖게 해줍니다.

성경을 열어봐!

말씀을 배우고 깊이 묵상하는 활동입니다. 설교말씀과 함께 이어지는 본문 말씀을 읽고 문제를 풀어보세요. 성령님의 도우심을 따라 말씀을 '내 것'으로 만들어 보세요.

세상을 열어봐!

배운 말씀을 삶속에 구체적으로 적용하도록 돕는 활동입니다. 이 활동을 통해 매일매일 말씀으로 살아가는 기쁨과 능력을 경험하세요. 여러분이 세상 가운데 하나님의 은혜를 흘려보내는 축복의 통로가 되기를 기대하며 기도합니다.

Togijangi Bible Study
teen Series

1

내면의 삶 가꾸기

01 걱정거리 • 02 열등감 • 03 탐욕 • 04 분노 •
05 강요 • 06 위선 • 07 영적 실패 • 08 경시

걱정거리

성경본문 마태복음 6:25-34
중심구절 마태복음 6:33

이상한 걱정나라

여기는 이상한 걱정나라입니다. 들에 핀 꽃과 새들의 걱정은 무엇일까요? 걱정풍선에 근심, 염려, 걱정들을 채워봅시다.

그렇다면 나의 걱정은?

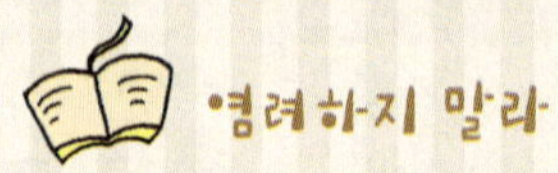

25 그러므로 내가 너희에게 이르노니 목숨을 위하여 무엇을 먹을까 무엇을 마실
까 몸을 위하여 무엇을 입을까 염려하지 말라 목숨이 음식보다 중하지 아니하
며 몸이 의복보다 중하지 아니하냐
26 공중의 새를 보라 심지도 않고 거두지도 않고 창고에 모아 들이지도 아니하
되 너희 하늘 아버지께서 기르시나니 너희는 이것들보다 귀하지 아니하냐
27 너희 중에 누가 염려함으로 그 키를 한 자라도 더할 수 있겠느냐
28 또 너희가 어찌 의복을 위하여 염려하느냐 들의 백합화가 어떻게 자라는가
생각하여 보라 수고도 아니하고 길쌈도 아니하느니라
29 그러나 내가 너희에게 말하노니 솔로몬의 모든 영광으로도 입은 것이 이 꽃
하나만 같지 못하였느니라

1. 지금 내가 가장 걱정하고 염려하는 것은 무엇인지 '걱정 월드컵'을 해봅시다.

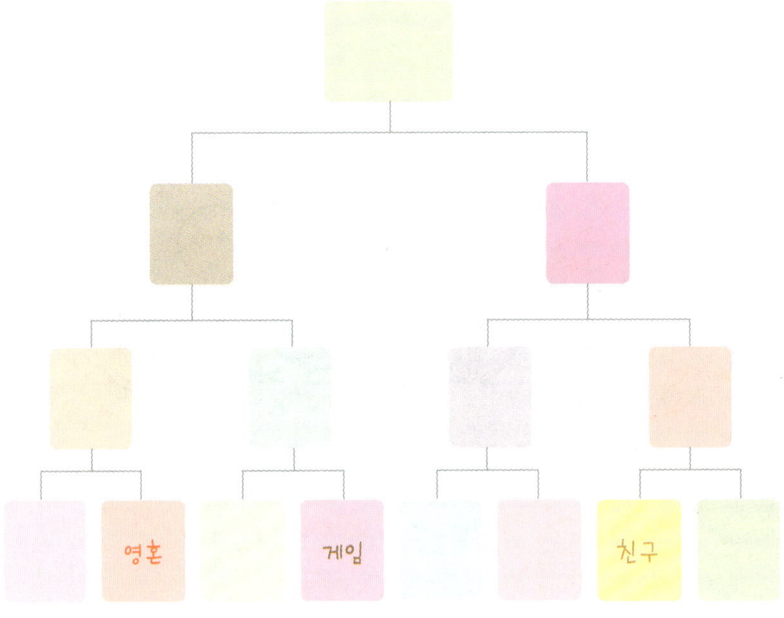

30 오늘 있다가 내일 아궁이에 던져지는 들풀도 하나님이 이렇게 입히시거든 하
물며 너희일까보냐 믿음이 작은 자들아
31 그러므로 염려하여 이르기를 무엇을 먹을까 무엇을 마실까 무엇을 입을까 하
지 말라
32 이는 다 이방인들이 구하는 것이라 너희 하늘 아버지께서 이 모든 것이 너희
에게 있어야 할 줄을 아시느니라
33 너희는 먼저 그의 나라와 그의 의를 구하라 그리하면 이 모든 것을 너희에게
더하시리라
34 그러므로 내일 일을 위하여 염려하지 말라 내일 일은 내일이 염려할 것이요
한 날의 괴로움은 그 날로 족하니라

마태복음 6:25-34

2. 내가 '걱정하는 능력'으로 할 수 있는 일은 무엇인가요?

- 나의 키는 (   )cm, 걱정하는 능력으로 내 키는 (   )cm 커진다!
- 내 몸무게는 (   )kg, 걱정하는 능력으로 내 살은 (   )kg 빠진다!
- 나의 꿈은 (   ), 걱정하는 능력으로 나는 (   )이(가) 될 수 (   )!

3. 성경 본문에서, 예수님께서 우리에게 '하지 말라'고 하신 것은 무엇인가요? 말씀을 읽고 '하지 말라' 고 하신 부분에 밑줄을 그어봅시다.

4. 걱정과 관련하여 예수님께서 우리에게 명령하신 것은 무엇인가요?

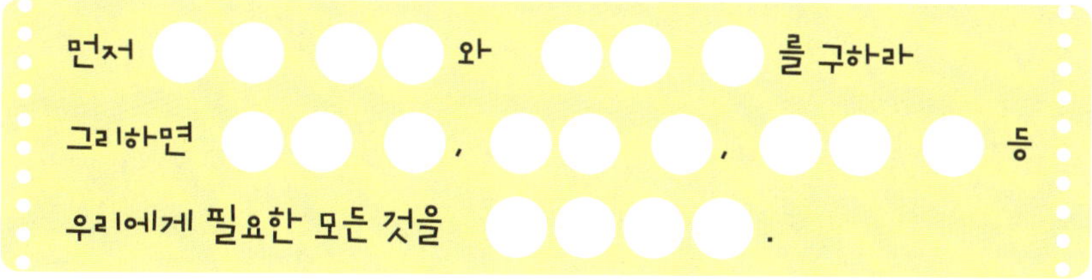

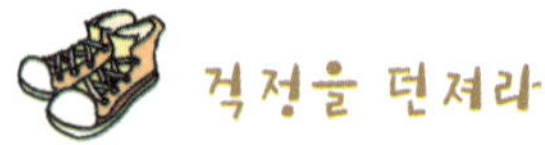

걱정을 던져라

빈 종이에 나의 걱정거리를 적어봅시다. 다 적었으면 종이를 공처럼 구겨서 선생님을 예수님이라 생각하며 한 사람씩 자신의 걱정을 주님께 던져봅시다.

너희 염려를 다 주께 맡기라 이는 그가 너희를 돌보심이라(벧전 5:7)

02 열등감

성경본문 사사기 6:11-16
중심구절 사사기 6:16

열등감 체크

아래의 표를 보고 각 영역별 자신이 느끼는 열등감을 체크해봅시다. 체크한 후 각 점을 연결하고 색칠해주세요.

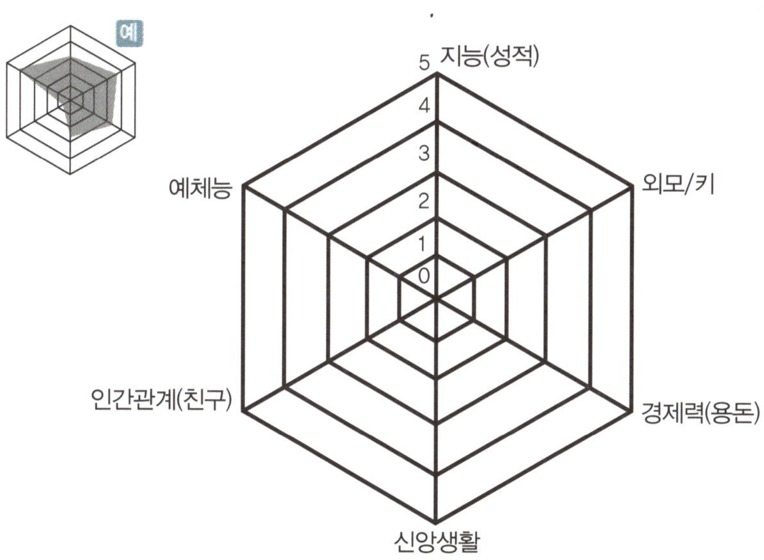

나는 1 ____ 2 ____ 3 ____ 에서 열등하다고 생각한다.
왜냐하면 나는 ____ 하기 때문이다.

기드온의 열등감

사사기 6:11-16

11 여호와의 사자가 아비에셀 사람 요아스에게 속한 오브라에 이르러 상수리
나무 아래 앉으니라 마침 요아스의 아들 기드온이 미디안 사람에게 알
리지 아니하려 하여 밀을 포도주 틀에서 타작하더니
12 여호와의 사자가 기드온에게 나타나 이르되 큰 용사여 여호와께서
너와 함께 계시도다 하매
13 기드온이 그에게 대답하되 오 나의 주여 여호와께서 우리와
함께 계시면 어찌하여 이 모든 일이 우리에게 일어났나이
까 또 우리 조상들이 일찍이 우리에게 이르기를 여호
와께서 우리를 애굽에서 올라오게 하신 것이
아니냐 한 그 모든 이적이 어디 있나이
까 이제 여호와께서 우리를 버
리사 미디안의 손에 우리
를 넘겨주셨나이
다 하니
14 여호와
께서 그를
향하여 이르시
되 너는 가서 이 너의
힘으로 이스라엘을 미디안
의 손에서 구원하라 내가 너를 보
낸 것이 아니냐 하시니라
15 그러나 기드온이 그에게 대답하되 오 주여 내가
무엇으로 이스라엘을 구원하리이까 보소서 나의 집은
므낫세 중에 극히 약하고 나는 내 아비 집에서 가장 작은 자니
이다 하니
16 여호와께서 그에게 이르시되 내가 반드시 너와 함께 하리니 네가 미
디안 사람 치기를 한 사람을 치듯 하리라

1. 기드온이 포도주 틀에서 밀을 타작한 이유는 무엇인가요?(삿 6:11)

2. 성경본문을 읽고 기드온이 바라본 자신의 모습과 하나님이 바라본 기드온의 모습을 적어봅시다.(삿 6:12,15)

3. 하나님은 기드온에게 어떤 명령을 내리셨나요? 또 어떻게 도와주겠다고 약속하셨나요?(삿 6:14,16)

미운 오리 새끼

가족도 친구도 모두
미운 오리 새끼를 따돌렸습니다.

하늘을 멋지게 나는 독수리가
마냥 부러웠습니다.

시간이 흘러 미운 오리 새끼는 열등감을 극복하지 못한 채 미운 오리 어른이 되었습니다.

시간이 흘러 미운 오리 새끼는 자신의 가능성을 깨닫고 멋진 백조가 되었습니다.

탐욕

성경본문 여호수아 7:10-21 ; 야고보서 1:15
중심구절 여호수아 7:20

나의 탐욕 지수

아간의 탐욕

여리고성 정복 후 여호수아와
이스라엘 백성은 아이성 정복에 실패하고
전쟁에서 졌어요. 여리고성보다 작은
아이성 정복에 실패하자 이들은
충격과 공포에 빠졌고, 여호수아는
온종일 주님 앞에 엎드려 기도했지요

여호수아 7:10-21

10 여호와께서 여호수아에게 이르시되 일어나라 어찌하여 이렇게 엎드렸느냐
11 이스라엘이 범죄하여 내가 그들에게 명령한 나의 언약을 어겼으며 또한 그들이 온전히 바친 물건을 가져가고 도둑질하며 속이고 그것을 그들의 물건들 가운데에 두었느니라
12 그러므로 이스라엘 자손들이 그들의 원수 앞에 능히 맞서지 못하고 그 앞에서 돌아섰나니 이는 그들도 온전히 바친 것이 됨이라 그 온전히 바친 물건을 너희 중에서 멸하지 아니하면 내가 다시는 너희와 함께 있지 아니하리라
13 너는 일어나서 백성을 거룩하게 하여 이르기를 너희는 내일을 위하여 스스로 거룩하게 하라 이스라엘의 하나님 여호와의 말씀에 이스라엘아 너희 가운데에 온전히 바친 물건이 있나니 너희가 그 온전히 바친 물건을 너희 가운데에서 제하기까지는 네 원수들 앞에 능히 맞서지 못하리라
14 너희는 아침에 너희의 지파대로 가까이 나아오라 여호와께 뽑히는 그 지파는 그 족속대로 가까이 나아올 것이요 여호와께 뽑히는 족속은 그 가족대로 가까이 나아올 것이요 여호와께 뽑히는 그 가족은 그 남자들이 가까이 나아올 것이며
15 온전히 바친 물건을 가진 자로 뽑힌 자를 불사르되 그와 그의 모든 소유를 그리하라 이는 여호와의 언약을 어기고 이스라엘 가운데에서 망령된 일을 행하였음이라 하셨다 하라
16 이에 여호수아가 아침 일찍이 일어나서 이스라엘을 그의 지파대로 가까이 나아오게 하였더니 유다 지파가 뽑혔고
17 유다 족속을 가까이 나아오게 하였더니 세라 족속이 뽑혔고 세라 족속의 각 남자를 가까이 나아오게 하였더니 삽디가 뽑혔고
18 삽디의 가족 각 남자를 가까이 나아오게 하였더니 유다 지파 세라의 증손이요 삽디의 손자요 갈미의 아들인 아간이 뽑혔더라
19 그러므로 여호수아가 아간에게 이르되 내 아들아 청하노니 이스라엘의 하나님 여호와께 영광을 돌려 그 앞에 자복하고 네가 행한 일을 내게 알게 하라 그 일을 내게 숨기지 말라 하니
20 아간이 여호수아에게 대답하여 이르되 참으로 나는 이스라엘의 하나님 여호와께 범죄하여 이러이러하게 행하였나이다
21 내가 노략한 물건 중에 시날 산의 아름다운 외투 한 벌과 은 이백 세겔과 그 무게가 오십 세겔 되는 금덩이 하나를 보고 탐내어 가졌나이다 보소서 이제 그 물건들을 내 장막 가운데 땅 속에 감추었는데 은은 그 밑에 있나이다 하더라

야고보서 1:15 욕심이 잉태한즉 죄를 낳고 죄가 장성한즉 사망을 낳느니라

야고보서 1:15	여호수아 7장

1. 여리고성을 점령할 때 아간은 값비싼 물건들을 보고 어떻게 하였습니까?(수 7:21)

2. 아간은 하나님께 어떤 죄를 지었습니까?(수 7:11)

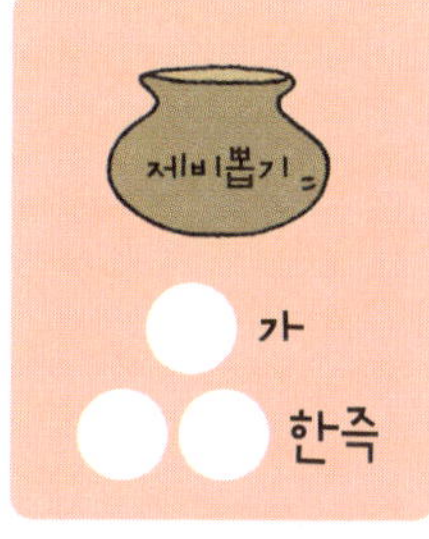

3. 여호수아는 자신의 죄를 숨기고 있던 아간을 어떻게 찾아내었나요?

4. 아간의 탐욕으로 인해 일어난 결과는 무엇이었나요?

어떡하지?

탐욕이 내 마음에 자리 잡을 때 우리는 어떻게 해야 할까요? 친구들과 자신의 경험과 생각을 서로 나누어 봅시다.

새가 머리 위로 지나가는 것은 막을 수 없지만
내 머리에 둥지를 짓는 것은 막을 수 있습니다!

분노

성경본문 창세기 4:3-12
중심구절 창세기 4:7

화가 난다

당신은 화가 날 때 어떻게 반응하나요? 다음 중 해당되는 것을 찾아보세요.

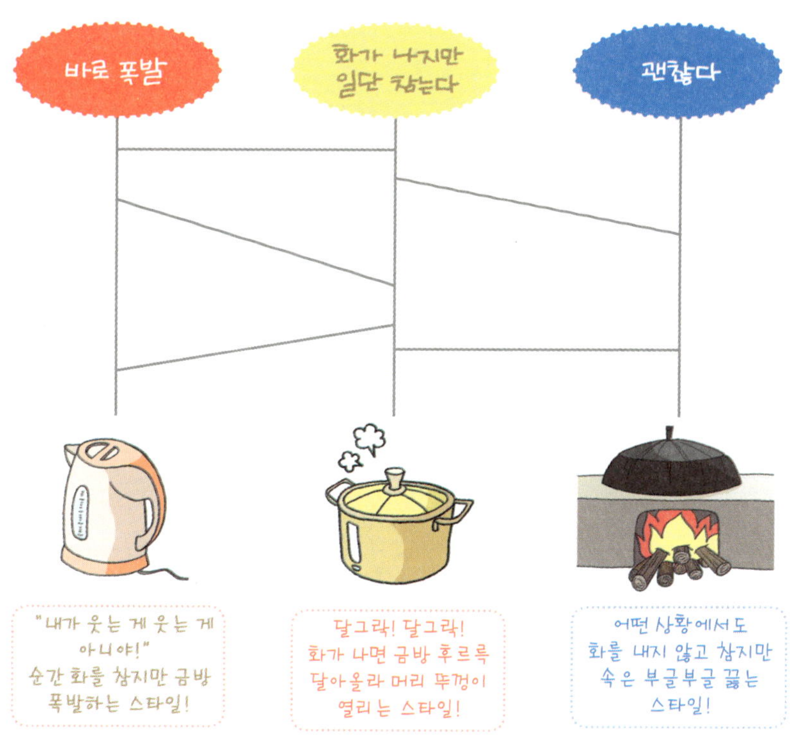

재판

Q1. 피고 가인은 사건 발생 전 무엇을 하고 있었습니까?

Q2. 피고 가인은 누구에게 왜 화를 냈습니까?

Q3. 화가 난 피고는 하나님의 경고
에도 불구하고 무엇을 하였습니까?

사건파일 : 가인의 범죄현장 보고

3 가인은 땅에서 거둔 곡식을 주님께 제
물로 바치고, 4 아벨은 양 떼 가운데서
맏배의 기름기를 바쳤다. 주님께서 아벨
과 그가 바친 제물은 반기셨으나, 5 가
인과 그가 바친 제물은 반기지 않으셨
다. 그래서 가인은 몹시 화가 나서, 얼굴
빛이 달라졌다. 6 주님께서 가인에게 말
씀하셨다. "어찌하여 네가 화를 내느냐?
얼굴빛이 달라지는 까닭이 무엇이냐? 7
네가 올바른 일을 하였다면, 어찌하여
얼굴빛이 달라지느냐? 네가 올바르지 못
한 일을 하였으니, 죄가 너의 문에 도사
리고 앉아서, 너를 지배하려고 한다. 너
는 그 죄를 잘 다스려야 한다." 8 가인이

하나님의 판결문

피고 가인은 □ 에서 □□ 를 받는다.
가인이 농사를 지어도 □ 은 □□ 을 나타내지 않으며,
□ 위에서 쉬지 못하고 방황하게 된다.

4. 다음 보기의 단어들 중 알맞은 말을 선택하여 빈 칸을 채워봅시다.

신약성경 분노 관련 개정법

"
살인하지 말라
누구든지 살인하면
심판을 받게 되리라
"

추가내용

□□ 에게 □ 하는 자마다 심판을 받게 되고
□□ 를 대하여 라가*라 하는 자는 □□ 에
잡혀가게 되고 □□ 한 □ 이라 하는 자는
□□ □ 에 들어가게 되리라 (마태복음 5:21-22)

*라가 : '속이 빈 멍청한 바보'(아람어)

"
네 이웃을 사랑하고
네 원수를 미워하라
"

너희 □□ 를 사랑하며
너희를 □□ 하는 자를 위하여 □□ 하라

보기 형제, 보스, 원수, 怒(화낼 노), 욱, 헐, 공원, 공회, 공장, 사랑, 질투, 박해, 메롱, 기도, 분, 님, 놈, 천국, 감옥, 지옥, 찜질방, 문, 불, 집

아우 아벨에게 말하였다. "우리, 들로 나
가자." 그들이 들에 있을 때에, 가인이
그의 아우 아벨을 쳐죽였다. 9 주님께서
가인에게 물으셨다. "너의 아우 아벨이
어디에 있느냐?" 그가 대답하였다. "모
릅니다. 제가 아우를 지키는 사람입니
까?" 10 주님께서 말씀하셨다. "네가 무
슨 일을 저질렀느냐? 너의 아우의 피가
땅에서 나에게 울부짖는다. 11 이제 네
가 땅에서 저주를 받을 것이다. 땅이 그
입을 벌려서, 너의 아우의 피를 너의 손
에서 받아 마셨다. 12 네가 밭을 갈아도,
땅이 이제는 너에게 효력을 더 나타내지
않을 것이다. 너는 이 땅 위에서 쉬지도
못하고, 떠돌아다니게 될 것이다."

창세기 4:3-12, 표준새번역

01 Togijangi News

'주차 문제' 전화 불통… 홧김에 차량 방화

서울 은평경찰서는 주차 문제에 앙심을 품고 타인의 차량에 불을 지른 혐의(일반건조물방화)로 일용노동자 신모씨(55)에 대해 구속영장을 신청했다고 17일 밝혔다.

경찰에 따르면 신씨는 16일 오전 11시30분께 은평구 갈현동의 한 빌라 앞에 주차된 임모씨(26)의 아반떼 차량에 시너를 뿌린 후 라이터로 불을 붙여 방향지시등, 범퍼 등을 태운 혐의를 받고 있다.

경찰조사 결과 신씨는 비가 오던 이날 임씨의 차량 때문에 반지하인 자신의 집 창문에 비가 들어오자 임씨에게 전화를 걸었지만 받지 않아 홧김에 불을 저지른 것으로 드러났다.

앞서 신씨는 16일 오전 0시5분께 빌라 관리세대주와 주차문제로 다투다 이를 말리는 입주민을 폭행한 혐의로 불구속 입건되기도 했다.

뉴스1코리아 • 박응진 기자

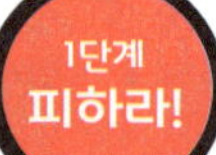

1단계
피하라!

일단 화가 나게 한 상황이나 사람을 피해 잠시 혼자 있는 것이 좋습니다.

2단계
돌아보라!

거울에 비친 나의 모습을 보며 생각해봅시다. '혹시 내가 잘못한 것은 없을까?'

3단계
역지사지

그 상황을 이해하고 그 사람을 이해해봅시다. "그럴 수도 있지"

4단계
사랑하라

좋아해서 사랑하기도 하지만, 친절하게 대하고 마음을 다해 섬김으로 사랑할 수 있습니다.

미련한 자는 당장 분노를 나타내거니와 슬기로운 자는 수욕을 참느니라(잠 12:16)

강요

성경본문 사도행전 4:1-4, 13-21
중심구절 사도행전 4:19-20

그릇된 강요를 받을 때 나는?

토미야
지난주에 교회 갔으니까
우리 오늘은 가지 말고
영화보러 가자!

그럼,
오늘은 교회 갈 테니까
다음주엔
영화 보러 가자!

야! 짜증나!
예수 그만 믿든지
나랑 헤어지든지
둘 중 하나 선택해!

들은 후에

사도행전 4:1-4

1 사도들이 백성에게 말할 때에 제사장들과 성전 맡은 자와 사두개인들이 이르러
2 예수 안에 죽은 자의 부활이 있다고 백성을 가르치고 전함을 싫어하여
3 그들을 잡으매 날이 이미 저물었으므로 이튿날까지 가두었으나
4 말씀을 들은 사람 중에 믿는 자가 많으니 남자의 수가 약 오천이나 되었더라

사도행전 4:13-21

13 그들이 베드로와 요한이 담대하게 말함을 보고 그들을 본래 학문 없는 범인으로 알았다가 이상히 여기며 또 전에 예수와 함께 있던 줄도 알고
14 또 병 나은 사람이 그들과 함께 서 있는 것을 보고 비난할 말이 없는지라
15 명하여 공회에서 나가라 하고 서로 의논하여 이르되
16 이 사람들을 어떻게 할까 그들로 말미암아 유명한 표적 나타난 것이 예루살렘에 사는 모든 사람에게 알려졌으니 우리도 부인할 수 없는지라
17 이것이 민간에 더 퍼지지 못하게 그들을 위협하여 이 후에는 이 이름으로 아무에게도 말하지 말게 하자 하고
18 그들을 불러 경고하여 도무지 예수의 이름으로 말하지도 말고 가르치지도 말라 하니
19 베드로와 요한이 대답하여 이르되 하나님 앞에서 너희의 말을 듣는 것이 하나님의 말씀을 듣는 것보다 옳은가 판단하라
20 우리는 보고 들은 것을 말하지 아니할 수 없다 하니
21 관리들이 백성들 때문에 그들을 어떻게 처벌할지 방법을 찾지 못하고 다시 위협하여 놓아 주었으니 이는 모든 사람이 그 된 일을 보고 하나님께 영광을 돌림이라

1. 베드로와 요한이 감옥에 갇힌 이유는 무엇인가요?(행 4:2)

2. 제사장들과 성전 맡은 자들과 사두개인들은 감옥에 갇혀 있던 베드로와 요한에게 무엇을 강요하였나요?(행 4:18)

3. 이런 강요를 당한 베드로와 요한은 어떻게 반응했나요?(행 4:19-20)

4. 협박과 강요에도 불구하고 베드로와 요한이 뜻을 굽히지 않은 까닭은 무엇인가요?

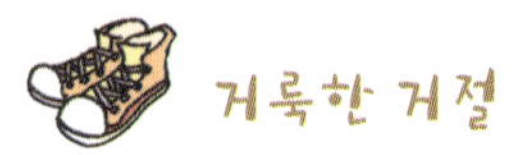

거룩한 거절

하지만...

오빠 못 믿어? 손만 잡을게

너도 펴봐 끝내줘~

당신의 선택은?

야야 너도 껴! 그냥 장난으로 그러는 건데 왜~ 재밌잖아!

왜~ 재밌잖아!

괜찮아 너도 어른이야 한잔해!

나 술!

'거절'이 무조건 나쁜 것은 아닙니다. 하지만 거절해야 할 상황에는 그리스도인으로서 지혜롭게 거절해야 합니다.

06 위선

성경본문 마태복음 23:23-28
중심구절 마태복음 23:26

이 그림의 제목은?

외식하는 사람들

마태복음 23:23-28

23 **보기 ①** 화 있을진저 외식하는 서기관들과 바리새인들이여 너희가 박하와 회
향과 근채의 십일조는 드리되 율법의 더 중한 바 정의와 긍휼과 믿음은 버렸
도다 그러나 이것도 행하고 저것도 버리지 말아야 할지니라
24 **보기 ②** 맹인 된 인도자여 하루살이는 걸러 내고 낙타는 삼키는도다
25 **보기 ③** 화 있을진저 외식하는 서기관들과 바리새인들이여 잔과 대접의 겉은
깨끗이 하되 그 안에는 탐욕과 방탕으로 가득하게 하는도다
26 눈 먼 바리새인이여 너는 먼저 안을 깨끗이 하라 그리하면 겉도 깨끗하리라
27 **보기 ④** 화 있을진저 외식하는 서기관들과 바리새인들이여 회칠한 무덤 같으
니 겉으로는 아름답게 보이나 그 안에는 죽은 사람의 뼈와 모든 더러운 것이
가득하도다
28 이와 같이 너희도 겉으로는 사람에게 옳게 보이되 안으로는 외식과 불법이 가
득하도다

1. 예수님께서 말씀하고 있는 서기관들과 바리새인들은 어떤 사람들인가요?

① 외식하는 사람들

② 착한 사람들

③ 겉과 속이 다른 사람들

2. 다음 그림을 보고 본문의 보기에서 알맞은 번호를 찾아보세요.

3. 예수님은 서기관들과 바리새인들의 행동에 대해 어떤 반응을 보이셨나요?

4. 예수님은 서기관들과 바리새인들이 어떻게 하기를 원하셨나요?(마 23:26)

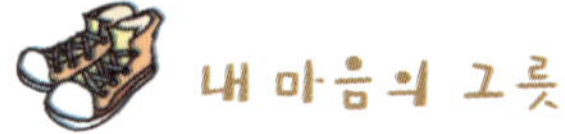

내 마음의 그릇

다음은 세빈이와 세준이의 학교 생활 동영상입니다. 이 동영상이 점심시간에 방송된다면 친구들은 이들을 어떻게 생각할까요? 또 예수님은 어떻게 말씀하실까요?

다른 사람들은 속여도 '나' 자신과 예수님을 속일 수는 없습니다.

영적 실패

성경본문 누가복음 22:31-33,54-61 ; 요한복음 21:15-17
중심구절 요한복음 21:17

작심삼주?

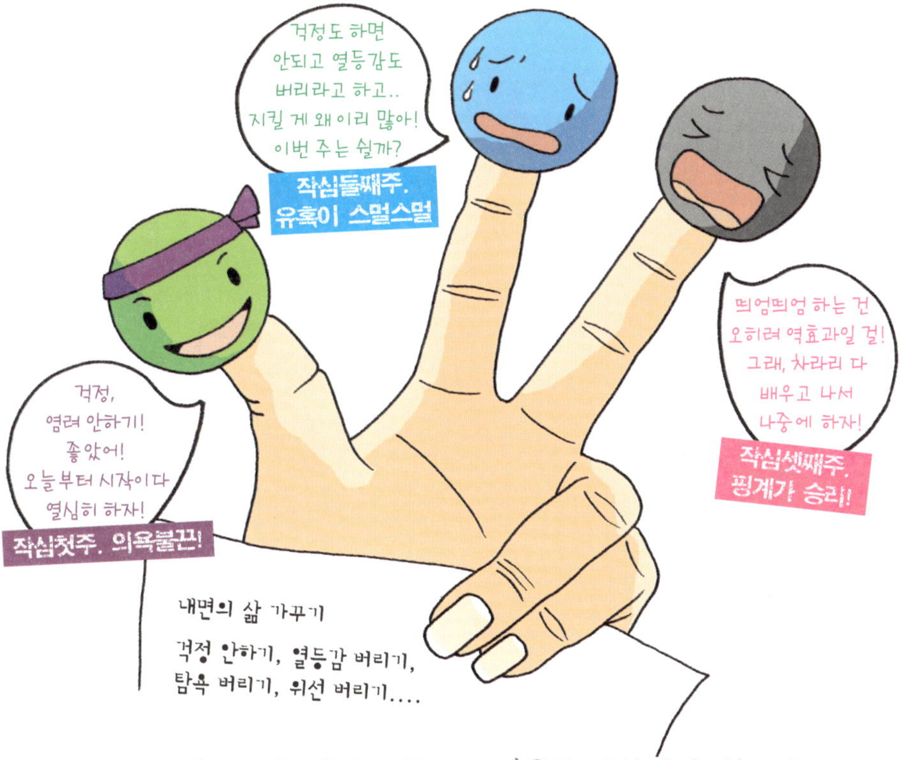

걱정도 하면 안되고 열등감도 버리라고 하고.. 지킬 게 왜 이리 많아! 이번 주는 쉴까?

작심둘째주. 유혹이 스멀스멀

띄엄띄엄 하는 건 오히려 역효과일 걸! 그래, 차라리 다 배우고 나서 나중에 하자!

작심셋째주. 핑계가 승리!

걱정, 염려 안하기! 좋았어! 오늘부터 시작이다 열심히 하자!

작심첫주. 의욕불끈!

내면의 삶 가꾸기

걱정 안하기, 열등감 버리기, 탐욕 버리기, 위선 버리기....

지난 6주 동안 배운 것들 중 가장 지키기 힘들었던 것은 무엇이었나요? 자신의 실패 경험을 한 가지씩 이야기해봅시다.

베드로의 실패

1. 베드로가 경험한 실패는 무엇인가요?

예수님과 제자들의 마지막 저녁식사

시몬아,
사탄이 너를 밀 까부르듯
하려고 요구했지만…
내가 너희 믿음이 떨어지지
않도록 기도했단다!

베드로

대제사장의 집 뜰 안에서

아니, 이 사람
분명히 예수랑
같이 있던
사람인데!

베드로

당신, 예수랑
한패잖아!

내가 장담해
갈릴리 사람이라구!

아 그래?
진짜야?

쑤근
쑤근

쑥덕쑥덕

베드로

2. 부활하신 예수님께서, 예수님을 모른다고 부인한 베드로를 찾아가신 까닭은 무엇인가요?(요 21:15-17)

누가복음 22:31-33

31 시몬아, 시몬아, 보라 사탄이 너희를 밀 까부르듯 하려고 요구하였으나
32 그러나 내가 너를 위하여 네 믿음이 떨어지지 않기를 기도하였노니 너는 돌이킨 후에 네 형제를
굳게 하라
33 그가 말하되 주여 내가 주와 함께 옥에도, 죽는 데에도 가기를 각오하였나이다

누가복음 22:54-61

54 예수를 잡아 끌고 대제사장의 집으로 들어갈새 베드로가 멀찍이 따라가니라
55 사람들이 뜰 가운데 불을 피우고 함께 앉았는지라 베드로도 그 가운데 앉았더니
56 한 여종이 베드로의 불빛을 향하여 앉은 것을 보고 주목하여 이르되 이 사람도 그와 함께 있었느니라 하니
57 베드로가 부인하여 이르되 이 여자여 내가 그를 알지 못하노라 하더라
58 조금 후에 다른 사람이 보고 이르되 너도 그 도당이라 하거늘 베드로가 이르되 이 사람아 나는 아니로라 하
더라
59 한 시간쯤 있다가 또 한 사람이 장담하여 이르되 이는 갈릴리 사람이니 참으로 그와 함께 있었느니라
60 베드로가 이르되 이 사람아 나는 네가 하는 말을 알지 못하노라고 아직 말하고 있을 때에 닭이 곧 울더라
61 주께서 돌이켜 베드로를 보시니 베드로가 주의 말씀 곧 오늘 닭 울기 전에 네가 세 번 나를 부인하리라 하심
이 생각나서 밖에 나가서 심히 통곡하니라

요한복음 21:15-17

15 조반 먹은 후에 예수께서 시몬 베드로에게 이르시되 요한의 아들 시몬아 네가 이 사람들보다 나를
더 사랑하느냐 하시니 이르되 주님 그러하나이다 내가 주님을 사랑하는 줄 주님께서 아시나이다
이르시되 내 어린 양을 먹이라 하시고
16 또 두 번째 이르시되 요한의 아들 시몬아 네가 나를 사랑하느냐 하시니 이르되 주님 그러하나이다
내가 주님을 사랑하는 줄 주님께서 아시나이다 이르시되 내 양을 치라 하시고
17 세 번째 이르시되 요한의 아들 시몬아 네가 나를 사랑하느냐 하시니 주께서 세 번째 네가
나를 사랑하느냐 하시므로 베드로가 근심하여 이르되 주님 모든 것을 아시오매 내가 주님을
사랑하는 줄을 주님께서 아시나이다 예수께서 이르시되 내 양을 먹이라

영적 실패 극복 처방전

교부년월일			의료기관	명 칭	하나님 나라
환자	성 명			전화번호	요한복음 21:17
	주민등록번호				
질병	영적 실패		처방담당의사	예수그리스도	

처방내용	용법

08 경시

성경본문 로마서 13:1-5 ; 에베소서 6:1-3 ; 갈라디아서 6:6
중심구절 로마서 13:1

번역퀴즈

다음 10대들의 대화를 보고 그 내용을 번역해보세요.

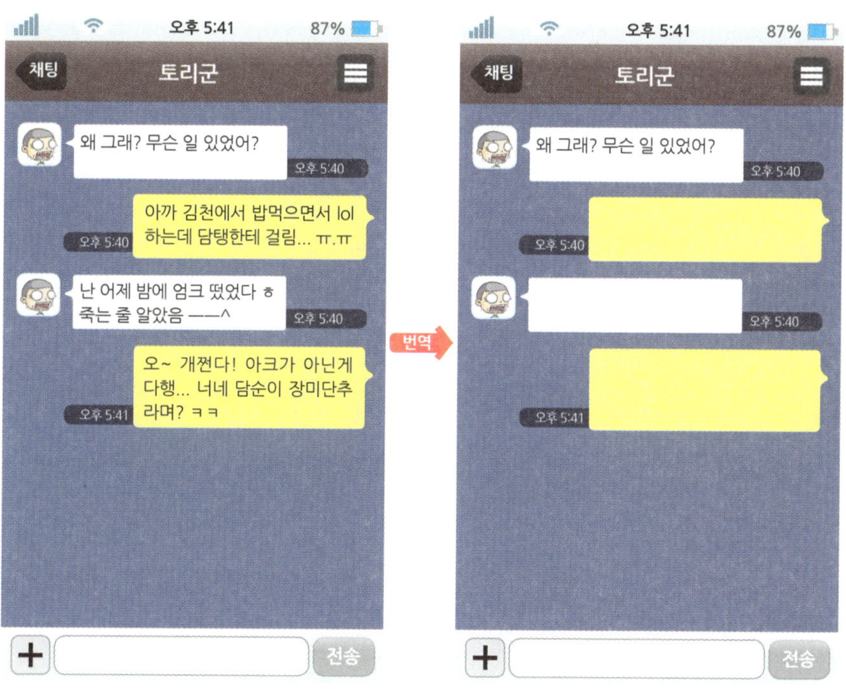

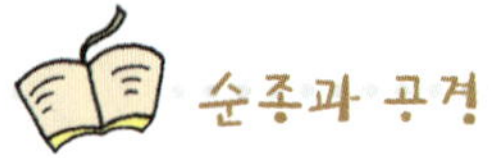

순종과 공경

로마서 13:1-5 1 각 사람은 위에 있는 권세들에게 복종하라 권세는 하나님으
로부터 나지 않음이 없나니 모든 권세는 다 하나님께서 정하신 바라
2 그러므로 권세를 거스르는 자는 하나님의 명을 거스름이니 거스르는 자들은 심판을 자취하리라
3 다스리는 자들은 선한 일에 대하여 두려움이 되지 않고 악한 일에 대하여 되나니 네가 권세를 두려워하지 아니하려느냐 선을 행하라 그리하면 그에게 칭찬을 받으리라
4 그는 하나님의 사역자가 되어 네게 선을 베푸는 자니라 그러나 네가 악을 행하거든 두려워하라 그가 공연히 칼을 가지지 아니하였으니 곧 하나님의 사역자가 되어 악을 행하는 자에게 진노하심을 따라 보응하는 자니라
5 그러므로 복종하지 아니할 수 없으니 진노 때문에 할 것이 아니라 양심을 따라 할 것이라

에베소서 6:1-3 1 자녀들아 주 안에서 너희 부모에게 순종하라 이것이 옳으니라
2 네 아버지와 어머니를 공경하라 이것은 약속이 있는 첫 계명이니
3 이로써 네가 잘되고 땅에서 장수하리라

갈라디아서 6:6 가르침을 받는 자는 말씀을 가르치는 자와 모든 좋은 것을 함께 하라

1 로마서 13:1의 내용은 무슨 뜻인가요? 쉬운 말로 바꾸어보세요.

각 사람은 위에 있는 권세들에게 복종하라 권세는 하나님으로부터 나지 않음이 없나니 모든 권세는 다 하나님께서 정하신 바라

♡♡ 사람은 권위를 가진 ♡♡ 들에게 ♡♡ 하라.
하나님께서 ♡♡ 를 가진 ♡♡ 들을 세우셨기 때문이다.
모든 권세는 다 ♡♡♡ 께서 정하셨기 때문이다.

2 우리가 부모님을 어떻게 대하는 것이 하나님의 뜻일까요? 이 때 하나님께서 약속하신 축복은 무엇인가요?

3 부모님이나 선생님, 어른을 공경하지 않는다면 인생은 어떻게 변할까요? 아래 '생각의 고리'를 완성해봅시다!

을 조심하세요. 은 이 됩니다.

을 조심하세요. 은 이 됩니다.

을 조심하세요. 은 이 됩니다.

을 조심하세요. 은 이 됩니다.

을 조심하세요. 은 이 됩니다.

을 조심하세요. 은 이 됩니다.

50년 후에

50년 후에는 우리에게도 자녀들과 제자들이 있을 것입니다. 그때 그들에게 꼭 가르치고 싶은 세 가지가 무엇인지 써보세요.

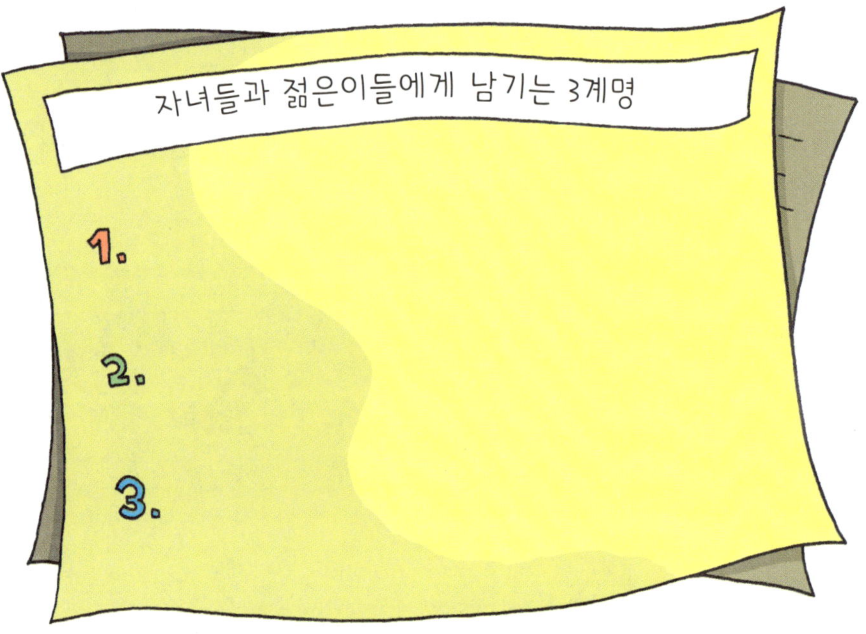

자녀들아 주 안에서 너희 부모에게 순종하라 이것이 옳으니라(엡 6:1).

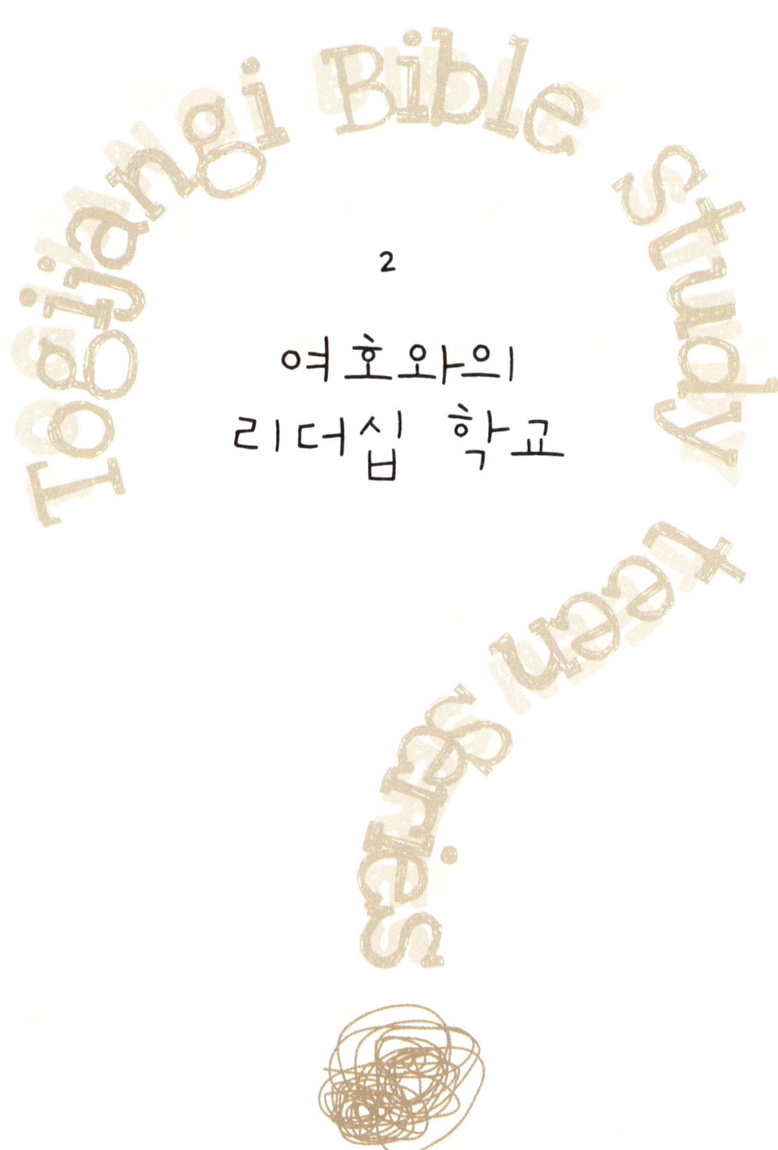

2

여호와의 리더십 학교

희생과 섬김

성경본문 마가복음 10:42-45 ; 요한복음 13:3-7
중심구절 마가복음 10:45

누구를 뽑을까?

학생회장 선거공약을 보고 누구를 뽑을지 결정해봅시다.

군림형 후보

섬김형 후보

진짜 리더는 어떤 사람일까?

예수님의 가르침과 섬김

마가복음 10:42-45

42 예수께서 불러다가 이르시되 이방인의
집권자들이 그들을 임의로 주관하고 그
고관들이 그들에게 권세를 부리는 줄을
너희가 알거니와
43 너희 중에는 그렇지 않을지니 너희 중
에 누구든지 크고자 하는 자는 너희를
섬기는 자가 되고
44 너희 중에 누구든지 으뜸이 되고자 하
는 자는 모든 사람의 종이 되어야 하리
라
45 인자가 온 것은 섬김을 받으려 함이 아
니라 도리어 섬기려 하고 자기 목숨을
많은 사람의 대속물로 주려 함이니라

요한복음 13:12-17

12 그들의 발을 씻으신 후에 옷을 입으시고 다
시 앉아 그들에게 이르시되 내가 너희에게
행한 것을 너희가 아느냐
13 너희가 나를 선생이라 또는 주라 하니 너희
말이 옳도다 내가 그러하다
14 내가 주와 또는 선생이 되어 너희 발을 씻
었으니 너희도 서로 발을 씻어 주는 것이
옳으니라
15 내가 너희에게 행한 것 같이 너희도 행하게
하려 하여 본을 보였노라
16 내가 진실로 진실로 너희에게 이르노니 종
이 주인보다 크지 못하고 보냄을 받은 자가
보낸 자보다 크지 못하나니
17 너희가 이것을 알고 행하면 복이 있으리라

1. 예수님께서 말씀하시는 리더의 조건은 무엇인가요?

마가복음 10:43 ....

마가복음 10:44 ....

....

2. 예수님께서 이 땅에 오신 이유는 무엇인가요?(막 10:45)

3. 왜 제자들은 예수님께서 제자들의 발을 씻겨주시기 전까지 서로의 발을 씻겨주지 않았을까요?

4. 예수님께서 제자들의 발을 씻겨주신 까닭은 무엇인가요?(요 13:15)

나는 어떤 리더일까요?

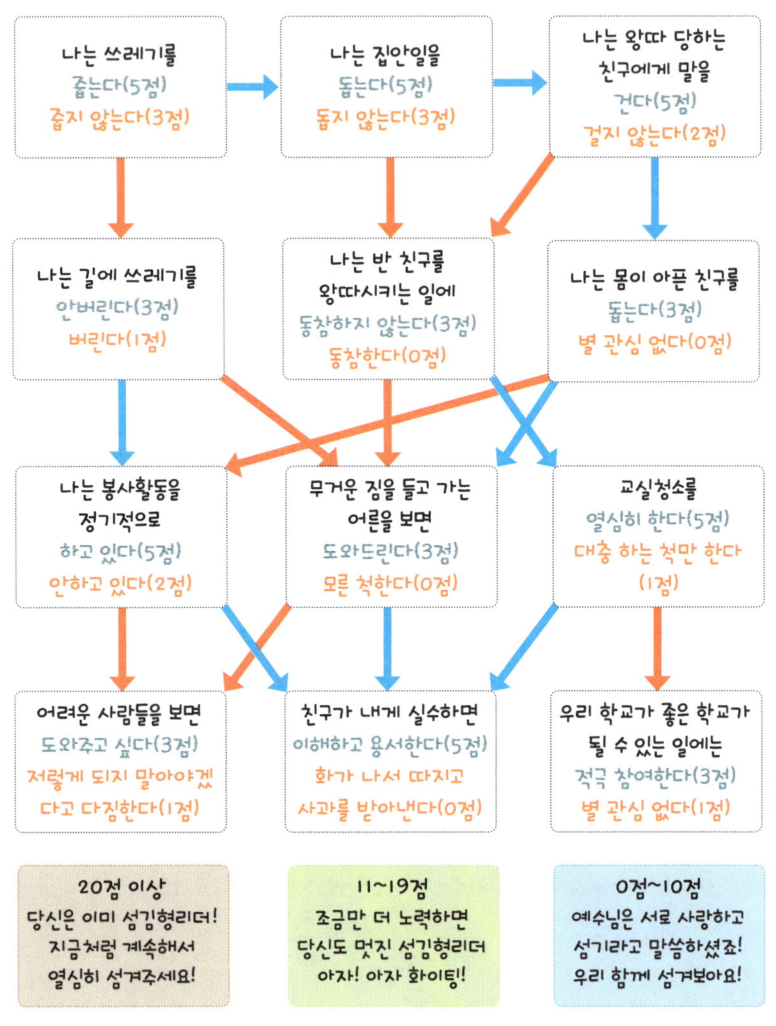

너희 중에 누구든지 으뜸이 되고자 하는 자는 모든 사람의 종이 되어야 하리라(막 10:44).

02 사람 끌어안기

성경본문 사도행전 9:26-30, 11:22-26, 15:36-41
중심구절 사도행전 11:24

만약에 내가

다음 장면을 보고 아래의 '만약에 내가' 문장을 완성해봅시다!

 만약에 내가 A군이라면, ...

 만약에 내가 B양이라면, ...

 만약에 내가 C군이라면, ...

위로의 아들 바나바

사도행전 4:36-37

36 구브로에서 난 레위족 사람이 있으니
이름은 요셉이라 사도들이 일컬어 바나
바라(번역하면 위로의 아들이라) 하니
37 그가 밭이 있으매 팔아 그 값 을 가지
고 사도들의 발 앞에 두니라

사도행전 9:26-30

26 사울이 예루살렘에 가서 제자들을 사
귀고자 하나 다 두려워하여 그가 제자
됨을 믿지 아니하니
27 바나바가 데리고 사도들에게 가서 그가
길에서 어떻게 주를 보았는지와 주께서
그에게 말씀하신 일과 다메섹에서 그가
어떻게 예수의 이름으로 담대히 말하였
는지를 전하니라
28 사울이 제자들과 함께 있어 예루살렘
에 출입하며
29 또 주 예수의 이름으로 담대히 말하고
헬라파 유대인들과 함께 말하며 변론하
니 그 사람들이 죽이려고 힘쓰거늘
30 형제들이 알고 가이사랴로 데리고 내
려가서 다소로 보내니라

사도행전 11:22-26

22 예루살렘 교회가 이 사람들의 소문을
듣고 바나바를 안디옥까지 보내니
23 그가 이르러 하나님의 은혜를 보고 기
뻐하여 모든 사람에게 굳건한 마음으로
주와 함께 머물러 있으라 권하니
24 바나바는 착한 사람이요 성령과 믿음
이 충만한 사람이라 이에 큰 무리가 주
께 더하여지더라
25 바나바가 사울을 찾으러 다소에 가서
26 만나매 안디옥에 데리고 와서 둘이 교
회에 일 년간 모여 있어 큰 무리를 가르
쳤고 제자들이 안디옥에서 비로소 그리
스도인이라 일컬음을 받게 되었더라

바나바를 소개합니다

본명 :

별명의 뜻 :

출신지역 :

가문 :

성격 및 특징 :

"나는 한때 예수님을 믿는 그리스도인들을 박해했던 바울입니다.
다메섹에서 예수님을 만나고 변화되었지만 사람들은 내가 예수님을 믿게 된 사실을 믿지 않았습니다.
그때 바나바는 사도들에게 가서 ____________________
____
____________________을 담대히 말했습니다.
바나바가 아니었다면 아무도 저를 받아주지 않았을 것입니다."

"우리는 안디옥교회 성도들입니다.
바나바가 처음 안디옥 교회에 왔을 때 그는 하나님의 은혜를 보고 기뻐하며 모든 사람들에게 ______________으로 ______________ 고 권면해주었습니다.
바나바는 착하며, ______________________ 사람으로 그를 통해 많은 무리가 예수님을 믿게 되었지요. 또 다소에 있는 ______을 안디옥에 데리고 와서 우리에게 예수님의 말씀을 가르쳐주었지요. 그래서 사람들이 안디옥 교회의 성도들을 __________ 이라고 부르게 되었답니다!"

1. 예루살렘 교회에서 안디옥으로 파송을 받은 바나바가 안디옥에서 제일 처음 한 일은 무엇인가요?(행 11:23)

2. 바나바는 안디옥 선교를 위해 누구를 데리고 와서 무슨 일을 하였나요?(행 11:25-26)

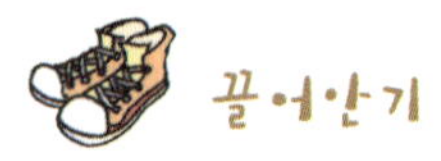

끌어안기

바나바와 같은 리더가 되기 위해 내가 끌어안고 위로하고 격려하며 도와줄 사람은 누구일까요? 다음 그림 안에 내가 품어야 할 사람을 적고 그 이유와 방법도 적어봅시다.

바나바는 착한 사람이요 성령과 믿음이 충만한 사람이라 이에 큰 무리가 주께 더하여지더라(행 11:24)

03 하나님께 묻는 리더

성경본문 사무엘상 23:1-5 ; 사무엘하 5:17-25
중심구절 사무엘하 5:25

도저히 해결할 수 없는 문제를 만난다면?

대답해줘! 노디
(해결의 책)
앱에게 물어본다

타로카드 뽑기

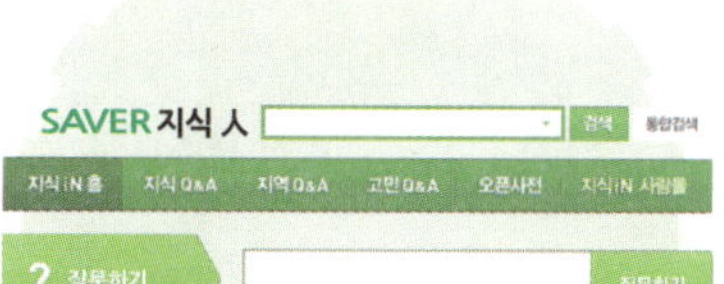

인터넷 지식인 검색

정신줄 놓고 망연자실

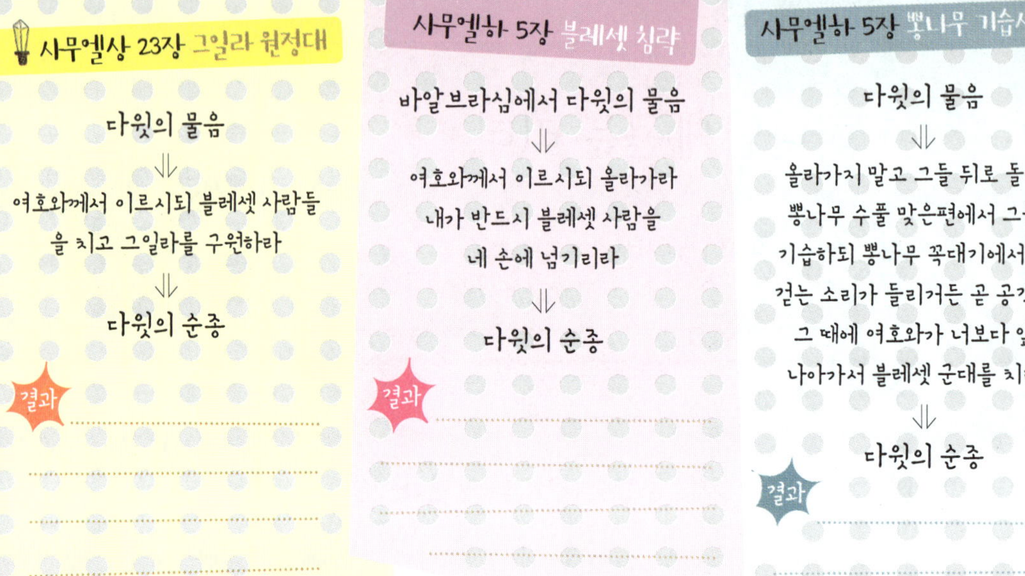

1. 그일라 사람들이 블레셋 군사들에게 공격을 받았다는 소식을 들었을 때 다윗은 가장 먼저 무엇을 하였나요?(삼상 23:2)

2. 다윗의 사람들은 그일라 사람들이 블레셋 군사들에게 공격을 받았다는 소식을 들었을 때 어떤 반응을 보였나요?(삼상 23:3)

3. 백성들의 생각과 하나님의 말씀이 다를 때 다윗은 어떻게 하였나요?(삼상 23:4)

4. 사무엘상 23장과 사무엘하 5장을 볼 때 다윗의 리더십의 특징은 무엇인가요?

사무엘상 23:1-5

1 사람들이 다윗에게 전하여 이르되 보소서 블레셋 사람이 그일라를 쳐서 그
타작 마당을 탈취하더이다 하니 2 이에 다윗이 여호와께 묻자와 이르되 내
가 가서 이 블레셋 사람들을 치리이까 여호와께서 다윗에게 이르시되 가서
블레셋 사람들을 치고 그일라를 구원하라 하시니 3 다윗의 사람들이 그에게
이르되 보소서 우리가 유다에 있기도 두렵거든 하물며 그일라에 가서 블레
셋 사람들의 군대를 치는 일이리이까 한지라 4 다윗이 여호와께 다시 묻자
온대 여호와께서 대답하여 이르시되 일어나 그일라로 내려가라 내가 블레셋
사람들을 네 손에 넘기리라 하신지라 5 다윗과 그의 사람들이 그일라로 가
서 블레셋 사람들과 싸워 그들을 크게 쳐서 죽이고 그들의 가축을 끌어 오니
라 다윗이 이와 같이 그일라 주민을 구원하니라

사무엘하 5:17-25

17 이스라엘이 다윗에게 기름을 부어 이스라엘 왕으로 삼았다 함을 블레셋
사람들이 듣고 블레셋 사람들이 다윗을 찾으러 다 올라오매 다윗이 듣고 요
새로 나가니라 18 블레셋 사람들이 이미 이르러 르바임 골짜기에 가득한지
라 19 다윗이 여호와께 여쭈어 이르되 내가 블레셋 사람에게로 올라가리이
까 여호와께서 그들을 내 손에 넘기시겠나이까 하니 여호와께서 다윗에게
말씀하시되 올라가라 내가 반드시 블레셋 사람을 네 손에 넘기리라 하신지
라 20 다윗이 바알브라심에 이르러 거기서 그들을 치고 다윗이 말하되 여호
와께서 물을 흩음 같이 내 앞에서 내 대적을 흩으셨다 하므로 그 곳 이름을
바알브라심이라 부르니라 21 거기서 블레셋 사람들이 그들의 우상을 버렸으
므로 다윗과 그의 부하들이 치우니라 22 블레셋 사람들이 다시 올라와서 르
바임 골짜기에 가득한지라 23 다윗이 여호와께 여쭈니 이르시되 올라가지
말고 그들 뒤로 돌아서 뽕나무 수풀 맞은편에서 그들을 기습하되 24 뽕나무
꼭대기에서 걸음 걷는 소리가 들리거든 곧 공격하라 그 때에 여호와가 너보
다 앞서 나아가서 블레셋 군대를 치리라 하신지라 25 이에 다윗이 여호와의
명령대로 행하여 블레셋 사람을 쳐서 게바에서 게셀까지 이르니라

좋은 리더는?

좋은 리더는 가장 먼저 주님께 나아가서 그분의 뜻을 구하는 리더입니다. 나의 삶에서 주님의 뜻을 구해야 하는 상황을 생각해보고, 주어진 상황에서 예수님께 물어봅시다!

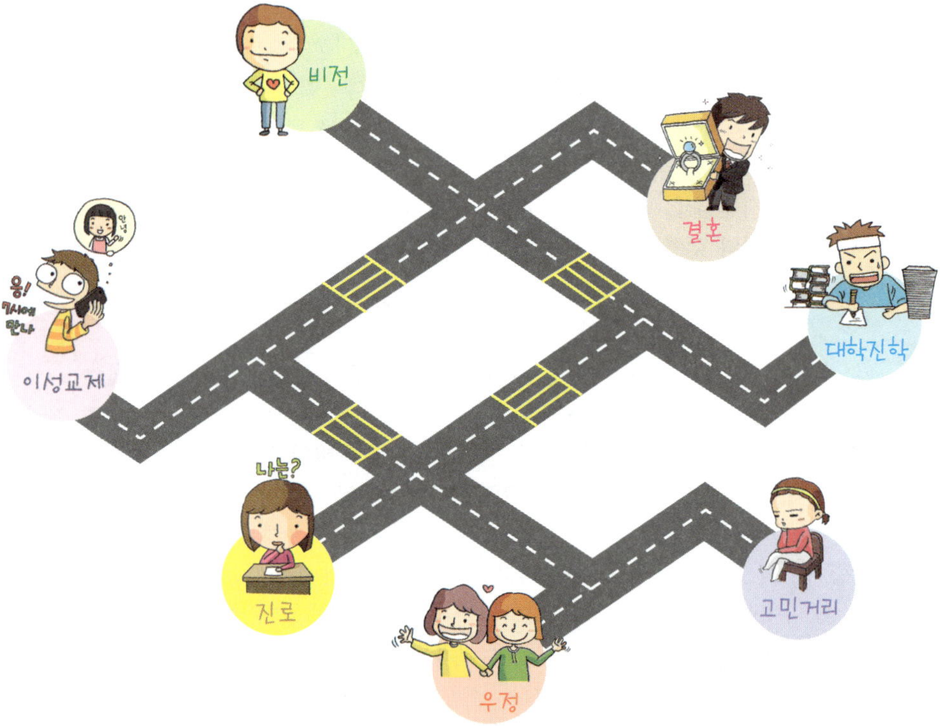

비전

결혼

이성교제

대학진학

진로

고민거리

우정

너의 행사를 여호와께 맡기라 그리하면 네가 경영하는 것이 이루어지리라 (잠 16:3)

모세의 링커십

성경본문 출애굽기 32:7-14 ; 민수기 21:4-9
중심구절 출애굽기 32:11

두 사람에게 필요한 것은?

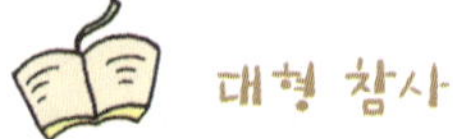

무지개 다리 붕괴사고 출 32:7-14

... 긴급속보를 전합니다. 하나님과 이스라엘의 친밀한 관계를 상징했던 '무지개 다리'가 무참하게 붕괴되어버린 현장입니다.

7 여호와께서 모세에게 이르시되 너는 내려
가라 네가 애굽 땅에서 인도하여 낸 네 백
성이 부패하였도다 8 그들이 내가 그들에게
명령한 길을 속히 떠나 자기를 위하여 송아
지를 부어 만들고 그것을 예배하며 그것에
게 제물을 드리며 말하기를 이스라엘아 이
는 너희를 애굽 땅에서 인도하여 낸 너희 신
이라 하였도다 9 여호와께서 또 모세에게
이르시되 내가 이 백성을 보니 목이 뻣뻣한
백성이로다 10 그런즉 내가 하는 대로 두라
내가 그들에게 진노하여 그들을 진멸하고
너를 큰 나라가 되게 하리라 11 모세가 그의
하나님 여호와께 구하여 이르되 여호와여
어찌하여 그 큰 권능과 강한 손으로 애굽 땅
에서 인도하여 내신 주의 백성에게 진노하
시나이까 12 어찌하여 애굽 사람들이 이르
기를 여호와가 자기의 백성을 산에서 죽이
고 지면에서 진멸하려는 악한 의도로 인도
해 내었다고 말하게 하시려 하나이까 주의
맹렬한 노를 그치시고 뜻을 돌이키사 주의
백성에게 이 화를 내리지 마옵소서 13 주의
종 아브라함과 이삭과 이스라엘을 기억하소
서 주께서 그들을 위하여 주를 가리켜 맹세
하여 이르시기를 내가 너희의 자손을 하늘
의 별처럼 많게 하고 내가 허락한 이 온 땅
을 너희의 자손에게 주어 영원한 기업이 되
게 하리라 하셨나이다 14 여호와께서 뜻을
돌이키사 말씀하신 화를 그 백성에게 내리
지 아니하시니라

1. 사건 개요 누가? .... 가(이)
무엇을 어떻게? ....
그래서? ....

2. 사건 해결 누가? .... 가(이)
무엇을 어떻게? ....
그래서? ....

1. 사건 개요 누가? .... 가(이)
무엇을 어떻게? ....
그래서? ....
....

2. 사건 해결 누가? .... 가(이)
무엇을 어떻게? ....
그래서? ....
....

01 Desert Daily News

민 21:4-9

이스라엘 백성들의 불평과 원망!

하나님과 모세를 향해 불평과 원망을 쏟아낸 이스라엘 백성, 불뱀에 물리다!

"왜 우리를 애굽에서 인도해 내어 광야에서 죽게 합니까!"

4 백성이 호르 산에서 출발하여 홍해 길을
따라 에돔 땅을 우회하려 하였다가 길로 말
미암아 백성의 마음이 상하니라 5 백성이
하나님과 모세를 향하여 원망하되 어찌하
여 우리를 애굽에서 인도해 내어 이 광야에
서 죽게 하는가 이 곳에는 먹을 것도 없고
물도 없도다 우리 마음이 이 하찮은 음식을
싫어하노라 하매 6 여호와께서 불뱀들을
백성 중에 보내어 백성을 물게 하시므로 이
스라엘 백성 중에 죽은 자가 많은지라 7 백
성이 모세에게 이르러 말하되 우리가 여호
와와 당신을 향하여 원망함으로 범죄하였
사오니 여호와께 기도하여 이 뱀들을 우리
에게서 떠나게 하소서 모세가 백성을 위하
여 기도하매 8 여호와께서 모세에게 이르
시되 불뱀을 만들어 장대 위에 매달아라 물
린 자마다 그것을 보면 살리라 9 모세가 놋
뱀을 만들어 장대 위에 다니 뱀에게 물린 자
가 놋뱀을 쳐다본즉 모두 살더라

광야일보 • 토리 기자

도와줘요 링커 토리!

이런 친구들의 상황을 보며 나는 하나님과 친구 사이에서 어떤 링커십을 발휘할 수 있을까요?

여호수아의 팔로어십

성경본문 출애굽기 17:8-13, 24:12-13, 33:7-11 ;
민수기 13:16 ; 신명기 31:7-8

중심구절 신명기 31:7-8

환상의 팀

리더가 된 후 첫 임무를 맡게 되었습니다. 함께 임무를 수행할 3명의 팀원을 뽑아야 합니다. 팀원을 선택하여 환상의 팀을 만들어 보세요.

이 사람을 소개합니다

출애굽기 17:8-13

8 그 때에 아말렉이 와서 이스라엘과 르비딤에서 싸우니라
9 모세가 여호수아에게 이르되 우리를 위하여 사람들을 택
하여 나가서 아말렉과 싸우라 내일 내가 하나님의 지팡이
를 손에 잡고 산 꼭대기에 서리라 10 여호수아가 모세의
말대로 행하여 아말렉과 싸우고 모세와 아론과 훌은 산
꼭대기에 올라가서 11 모세가 손을 들면 이스라엘이 이기
고 손을 내리면 아말렉이 이기더니 12 모세의 팔이 피곤
하매 그들이 돌을 가져다가 모세의 아래에 놓아 그가 그
위에 앉게 하고 아론과 훌이 한 사람은 이쪽에서, 한 사
람은 저쪽에서 모세의 손을 붙들어 올렸더니 그 손이
해가 지도록 내려오지 아니한지라 13 여호수아가 칼날
로 아말렉과 그 백성을 쳐서 무찌르니라

모세의 인터뷰 I

Q1. 이스라엘 백성들을 가나안 땅으로 인도하면서 가장 기억에 남는 전투가 있다면 소개 부탁드립니다.

모세의 인터뷰 II

Q2. 여호수아라는 분이 군대들을 이끌었군요. 여호수아에 대해 간단한 소개를 부탁드립니다.

모세의 인터뷰 III

Q3. 하나님의 십계명 돌판을 받기 위해 시내산에 올라갈 때 함께 동행했던 여호수아는 어떤 성품인가요?

출애굽기 24:12-13

12 여호와께서 모세에게 이르시
되 너는 산에 올라 내게로 와서 거
기 있으라 네가 그들을 가르치도록
내가 율법과 계명을 친히 기록한 돌
판을 네게 주리라 13 모세가 그의
부하 여호수아와 함께 일어나 모
세가 하나님의 산으로 올라가며

모세의 인터뷰 Ⅳ

Q4. 여호수아를 가장 칭찬할 만한 점이 있다면 무엇인가요?

출애굽기 33:7-11

7 모세가 항상 장막을 취하여 진 밖에 쳐서 진과 멀
리 떠나게 하고 회막이라 이름하니 여호와를 앙모하
는 자는 다 진 바깥 회막으로 나아가며 8 모세가 회
막으로 나아갈 때에는 백성이 다 일어나 자기 장막 문
에 서서 모세가 회막에 들어가기까지 바라보며 9 모세
가 회막에 들어갈 때에 구름 기둥이 내려 회막 문에 서
며 여호와께서 모세와 말씀하시니 10 모든 백성이 회막
문에 구름 기둥이 서 있는 것을 보고 다 일어나 각기 장막
문에 서서 예배하며 11 사람이 자기의 친구와 이야기함 같
이 여호와께서는 모세와 대면하여 말씀하시며 모세는 진으
로 돌아오나 눈의 아들 젊은 수종자 여호수아는 회막을
떠나지 아니하니라

민수기 13:16

16 이는 모세가 땅을 정탐하러 보낸 자들의 이름이라 모세가 눈의 아들 호세아를 여호수아라 불렀더라

모세의 인터뷰 Ⅴ

Q5. 하나님은 누구를 모세 님의 후계자요 이스라엘의 지도자로 세우셨나요?

신명기 31:7-8

7 모세가 여호수아를 불러 온 이스라엘의 목전에서 그에게 이르되 너는 강하고 담대하라 너는 이 백성을 거느리고 여호와께서 그들의 조상에게 주리라고 맹세하신 땅에 들어가서 그들에게 그 땅을 차지하게 하라
8 그리하면 여호와 그가 네 앞에서 가시며 너와 함께 하사 너를 떠나지 아니하시며 버리지 아니하시리니 너는 두려워하지 말라 놀라지 말라

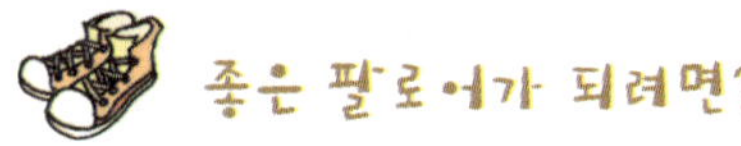

좋은 팔로어가 되려면?

좋은 팔로어가 되려면 어떻게 해야 할까요? 다음 물음에 체크해보세요.

좋은 팔로어는	맞다	모르겠다	아니다
리더의 말에 무조건 순종해서는 안된다.			
리더가 되기 위해 앞만 보고 달려가야 한다.			
리더를 위해 항상 기도해야 한다.			
리더의 약점을 비판할 수 있어야 한다.			
안정되게 시키는 것만 잘하면 된다.			
리더십을 극대화할 수 있어야 한다.			

좋은 팔로어가 없다면 리더는 지휘할 수 없다

06 반면교사 솔로몬

성경본문 열왕기상 8:54-61, 11:1-13
중심구절 열왕기상 8:61

이걸 어쩌지?

한밤중에 배가 고파 냉장고를 열었더니 이럴 수가! 냉장고 속이 엉망이네요. 어떻게 해야 할까요?

혹시 내 마음도 부패하고 있나요?

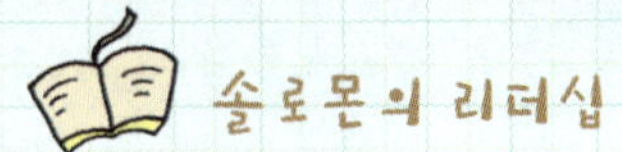

전반전 리더십

열왕기상 8:54-61

여호와의 성전 건축을 완공한 후에

54 솔로몬이 무릎을 꿇고 손을 펴서 하
늘을 향하여 이 기도와 간구로 여호와
께 아뢰기를 마치고 여호와의 제단 앞에
서 일어나 **55** 서서 큰 소리로 이스라엘
의 온 회중을 위하여 축복하며 이르되
56 여호와를 찬송할지로다 그가 말씀하
신 대로 그의 백성 이스라엘에게 태평을
주셨으니 그 종 모세를 통하여 무릇 말
씀하신 그 모든 좋은 약속이 하나도 이
루어지지 아니함이 없도다 **57** 우리 하
나님 여호와께서 우리 조상들과 함께 계
시던 것 같이 우리와 함께 계시옵고 우
리를 떠나지 마시오며 버리지 마시옵고
58 우리의 마음을 주께로 향하여 그의
모든 길로 행하게 하시오며 우리 조상들
에게 명령하신 계명과 법도와 율례를 지
키게 하시기를 원하오며 **59** 여호와 앞
에서 내가 간구한 이 말씀이 주야로 우
리 하나님 여호와께 가까이 있게 하시옵
고 또 주의 종의 일과 주의 백성 이스라
엘의 일을 날마다 필요한 대로 돌아보사
60 이에 세상 만민에게 여호와께서만
하나님이시고 그 외에는 없는 줄을 알게
하시기를 원하노라 **61** 그런즉 너희의
마음을 우리 하나님 여호와께 온전히 바
쳐 완전하게 하여 오늘과 같이 그의 법
도를 행하며 그의 계명을 지킬지어다

1. 솔로몬 왕이 여호와의 성전 건축을 마친 후 가장 먼저 한 일은 무엇인가요?(왕상 8:54)

2. 솔로몬 왕은 이스라엘 백성들을 위해 5가지의 축복을 하나님께 간구하였습니다. 축복의 내용을 찾아 본문에 밑줄을 치고 축복 리스트를 완성해보세요(왕상 8:57-60).

3. 솔로몬 왕은 이스라엘의 리더로서 백성들에게 무엇을 명령하였나요?(왕상 8:61)

4. 하나님을 향한 솔로몬 왕의 마음을 이방신들에게로 돌려놓은 사람들은 누구였나요?(왕상 11:1-2)

5. 솔로몬은 여호와의 눈앞에서 어떤 악을 행했나요?(왕상 11:6-8)

6. 하나님께서 진노하시고 두 번이나 솔로몬에게 다른 신을 따르지 말라고 말씀하셨을 때 솔로몬 왕은 어떻게 하였나요? (왕상 11:9-10)

후반전 리더십

열왕기상 11:1-13 하나님을 떠난 리더십

1 솔로몬 왕이 바로의 딸 외에 이방의 많은 여인을
사랑하였으니 곧 모압과 암몬과 에돔과 시돈과 헷 여
인이라 2 여호와께서 일찍이 이 여러 백성에 대하여
이스라엘 자손에게 말씀하시기를 너희는 그들과 서로
통혼하지 말며 그들도 너희와 서로 통혼하게 하지 말
라 그들이 반드시 너희의 마음을 돌려 그들의 신들을
따르게 하리라 하셨으나 솔로몬이 그들을 사랑하였더
라 3 왕은 후궁이 칠백 명이요 첩이 삼백 명이라 그
의 여인들이 왕의 마음을 돌아서게 하였더라 4 솔로
몬의 나이가 많을 때에 그의 여인들이 그의 마음을 돌
려 다른 신들을 따르게 하였으므로 왕의 마음이 그의
아버지 다윗의 마음과 같지 아니하여 그의 하나님 여
호와 앞에 온전하지 못하였으니 5 이는 시돈 사람
의 여신 아스다롯을 따르고 암몬 사람의 가증한 밀곰
을 따름이라 6 솔로몬이 여호와의 눈앞에서 악을 행
하여 그의 아버지 다윗이 여호와를 온전히 따름 같이
따르지 아니하고 7 모압의 가증한 그모스를 위하여
예루살렘 앞 산에 산당을 지었고 또 암몬 자손의 가증
한 몰록을 위하여 그와 같이 하였으며 8 그가 또 그
의 이방 여인들을 위하여 다 그와 같이 한지라 그들이
자기의 신들에게 분향하며 제사하였더라 9 솔로몬이
마음을 돌려 이스라엘의 하나님 여호와를 떠나므로 여
호와께서 그에게 진노하시니라 여호와께서 일찍이 두
번이나 그에게 나타나시고 10 이 일에 대하여 명령하
사 다른 신을 따르지 말라 하셨으나 그가 여호와의 명
령을 지키지 않았으므로 11 여호와께서 솔로몬에게
말씀하시되 네게 이러한 일이 있었고 또 네가 내 언약
과 내가 네게 명령한 법도를 지키지 아니하였으니 내
가 반드시 이 나라를 네게서 빼앗아 네 신하에게 주리
라 12 그러나 네 아버지 다윗을 위하여 네 세대에는
이 일을 행하지 아니하고 네 아들의 손에서 빼앗으려
니와 13 오직 내가 이 나라를 다 빼앗지 아니하고 내
종 다윗과 내가 택한 예루살렘을 위하여 한 지파를 네
아들에게 주리라 하셨더라

마음 측정 그래프

과거와 현재, 그리고 미래까지의 '하나님과 내 마음의 거리'를 아래의 그래프에 그려보세요.

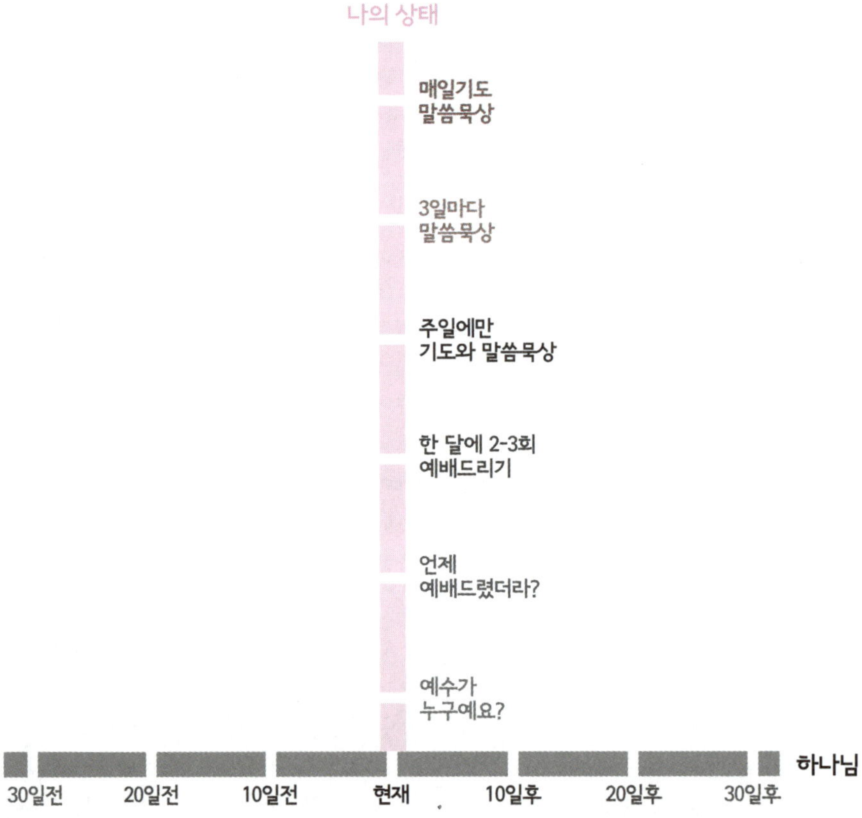

나의 상태

매일기도
말씀묵상

3일마다
말씀묵상

주일에만
기도와 말씀묵상

한 달에 2-3회
예배드리기

언제
예배드렸더라?

예수가
누구예요?

하나님

30일전 20일전 10일전 현재 10일후 20일후 30일후

그런즉 너희의 마음을 우리 하나님 여호와께 온전히 바쳐 완전하게 하여 오늘과 같이 그의 법도를 행하며 그의 계명을 지킬지어다 (왕상 8:61)

07 느헤미야 프로젝트

성경본문 느헤미야 2:1-20
중심구절 느헤미야 2:20

주차 게임

자동차의 색깔과 주차장의 색깔이 일치하게 이동해주세요! 단 자동차를 가장 빠른 시간에 가장 적게 움직이는 사람이 '우승'입니다.

나의 기록 : 이동 주차 (　　) 회 성공

1 아닥사스다 왕 제이십년 니산월에 왕 앞에
포도주가 있기로 내가 그 포도주를 왕에
게 드렸는데 이전에는 내가 왕 앞에서 수
심이 없었더니
2 왕이 내게 이르시되 네가 병이 없거늘 어찌
하여 얼굴에 수심이 있느냐 이는 필연 네
마음에 근심이 있음이로다 하더라 그 때
에 내가 크게 두려워하여
3 왕께 대답하되 왕은 만세수를 하옵소서 내
조상들의 묘실이 있는 성읍이 이제까지
황폐하고 성문이 불탔사오니 내가 어찌
얼굴에 수심이 없사오리이까 하니
4 왕이 내게 이르시되 그러면 네가 무엇을
원하느냐 하시기로 내가 곧 하늘의 하나
님께 묵도하고
5 왕에게 아뢰되 왕이 만일 좋게 여기시고 종
이 왕의 목전에서 은혜를 얻었사오면 나
를 유다 땅 나의 조상들의 묘실이 있는 성
읍에 보내어 그 성을 건축하게 하옵소서
하였는데
6 그 때에 왕후도 왕 곁에 앉아 있었더라 왕
이 내게 이르시되 네가 몇 날에 다녀올 길
이며 어느 때에 돌아오겠느냐 하고 왕이
나를 보내기를 좋게 여기시기로 내가 기
한을 정하고
7 내가 또 왕에게 아뢰되 왕이 만일 좋게 여
기시거든 강 서쪽 총독들에게 내리시는
조서를 내게 주사 그들이 나를 용납하여
유다에 들어가기까지 통과하게 하시고
8 또 왕의 삼림 감독 아삽에게 조서를 내리사
그가 성전에 속한 영문의 문과 성곽과 내
가 들어갈 집을 위하여 들보로 쓸 재목을
내게 주게 하옵소서 하매 내 하나님의 선
한 손이 나를 도우시므로 왕이 허락하고
9 군대 장관과 마병을 보내어 나와 함께 하게
하시기로 내가 강 서쪽에 있는 총독들에
게 이르러 왕의 조서를 전하였더니
10 호론 사람 산발랏과 종이었던 암몬 사람 도

1. 느헤미야의 얼굴에 수심이 가득했던 까닭은 무엇인가요?(느 2:3)

2. 아닥사스다 왕이 '네가 무엇을 원하느냐?' 라고 물었을 때 느헤미야가 가장 먼저 한 행동은 무엇인가요?(느2:4)

비야가 이스라엘 자손을 흥왕하게 하려는
사람이 왔다 함을 듣고 심히 근심하더라
11 내가 예루살렘에 이르러 머무른 지 사흘
만에
12 내 하나님께서 예루살렘을 위해 무엇을
할 것인지 내 마음에 주신 것을 내가 아무
에게도 말하지 아니하고 밤에 일어나 몇
몇 사람과 함께 나갈새 내가 탄 짐승 외에
는 다른 짐승이 없더라
13 그 밤에 골짜기 문으로 나가서 용정으로
분문에 이르는 동안에 보니 예루살렘 성
벽이 다 무너졌고 성문은 불탔더라
14 앞으로 나아가 샘문과 왕의 못에 이르러
서는 탄 짐승이 지나갈 곳이 없는지라
15 그 밤에 시내를 따라 올라가서 성벽을 살
펴본 후에 돌아서 골짜기 문으로 들어와
돌아왔으나
16 방백들은 내가 어디 갔었으며 무엇을 하
였는지 알지 못하였고 나도 그 일을 유다
사람들에게나 제사장들에게나 귀족들에
게나 방백들에게나 그 외에 일하는 자들
에게 알리지 아니하다가
17 후에 그들에게 이르기를 우리가 당한 곤경
은 너희도 보고 있는 바라 예루살렘이 황폐
하고 성문이 불탔으니 자, 예루살렘 성을
건축하여 다시 수치를 당하지 말자 하고
18 또 그들에게 하나님의 선한 손이 나를 도
우신 일과 왕이 내게 이른 말씀을 전하였
더니 그들의 말이 일어나 건축하자 하고
모두 힘을 내어 이 선한 일을 하려 하매
19 호론 사람 산발랏과 종이었던 암몬 사람
도비야와 아라비아 사람 게셈이 이 말을
듣고 우리를 업신여기고 우리를 비웃어
이르되 너희가 하는 일이 무엇이냐 너희
가 왕을 배반하고자 하느냐 하기로
20 내가 그들에게 대답하여 이르되 하늘의
하나님이 우리를 형통하게 하시리니 그의
종들인 우리가 일어나 건축하려니와 오직
너희에게는 예루살렘에서 아무 기업도 없
고 권리도 없고 기억되는 바도 없다 하였
느니라

느헤미야 2:1-20

3. 느헤미야는 기도 후 아닥사스다 왕에게 무엇을 부탁하였나요?(느 2:5-8)

4. 예루살렘에 도착한 느헤미야는 백성들을 독려하여 성벽 재건을 시작하였습니다. 이 때 방해꾼들이 등장하였는데 느헤미야는 그들에게 어떻게 말하였나요?(느 2:20)

아래 도표를 통해 먼저 나의 리더십을 항목별 화살상자에 색칠해보고, 이를 보완하기 위한 나만의 훈련법을 아래의 훈련레시피에서 골라서 완성해보세요.(레시피에 없는 훈련법을 적어도 좋습니다!)

느헤미야 프로젝트

100

50

0

믿음	계획성	추진력	위기극복능력
나만의 훈련법	나만의 훈련법	나만의 훈련법	나만의 훈련법

긍정적인 생각하기	실패일지 써보기	친구들과 수다하기	1일 계획표 만들기
방해하거나 놀리는 사람들 위해 기도하기	선배나 어른들에게 성공,실패담 듣기	느헤미야 프로젝트 같이 할 사람들 모으기	매일 기도 10분이상 하기
1달에 1권 이상 책읽기	TV 시청시간 줄이기	PC 게임 줄이기	메모하는 습관 만들기
말씀 묵상하기	주간 계획표 만들기	매일 성경 5장 읽기	매일 운동 30분하기

훈련 레시피 보기

리더 임명식

성경본문 여호수아 1:1-9
중심구절 여호수아 1:9

두렵고 떨릴 때

두려운 일이 생기거나 어떤 일을 앞두고 매우 떨릴 때 어떻게 이겨내시나요?

① 약을 먹는다.

② 아무것도 안하고 그냥 마비된다.

③ 닥치는 대로 무슨 일이든 해본다.

④ 나만의 비법

여호수아 1:1-9

1 여호와의 종 모세가 죽은 후에 여호와께서 모세의 수종자 눈의 아들 여호수아에
게 말씀하여 이르시되 2 내 종 모세가 죽었으니 이제 너는 이 모든 백성과 더불어
일어나 이 요단을 건너 내가 그들 곧 이스라엘 자손에게 주는 그 땅으로 가라 3 내
가 모세에게 말한 바와 같이 너희 발바닥으로 밟는 곳은 모두 내가 너희에게 주었
노니 4 곧 광야와 이 레바논에서부터 큰 강 곧 유브라데 강까지 헷 족속의 온 땅과
또 해 지는 쪽 대해까지 너희의 영토가 되리라 5 네 평생에 너를 능히 대적할 자가
없으리니 내가 모세와 함께 있었던 것 같이 너와 함께 있을 것임이니라 내가 너를
떠나지 아니하며 버리지 아니하리니 6 강하고 담대하라 너는 내가 그들의 조상에
게 맹세하여 그들에게 주리라 한 땅을 이 백성에게 차지하게 하리라 7 오직 강하
고 극히 담대하여 나의 종 모세가 네게 명령한 그 율법을 다 지켜 행하고 우로나 좌
로나 치우치지 말라 그리하면 어디로 가든지 형통하리니 8 이 율법책을 네 입에서
떠나지 말게 하며 주야로 그것을 묵상하여 그 안에 기록된 대로 다 지켜 행하라 그
리하면 네 길이 평탄하게 될 것이며 네가 형통하리라 9 내가 네게 명령한 것이 아
니냐 강하고 담대하라 두려워하지 말며 놀라지 말라 네가 어디로 가든지 네 하나님
여호와가 너와 함께 하느니라 하시니라

1교시 **리더의 미션** | 여호와 하나님께서는 여호수아를 이스라엘의 새로운 리더로 세우신 후 가장 처음 어떤 미션을 주셨나요?(1-4절)

미션	미션수행목적	예상결과

2교시 미션지원내용 | 하나님께서는 여호수아가 미션을 수행하는 동안 어떻게 지원하겠다고 약속하셨나요?(5절)

① 모세와

② 여호수아를

3교시 리더십 교실 | 하나님께서 여호수아에게 미션 성공을 위해 가르쳐 주신 리더십의 핵심은 무엇인가요?(7-8절)

4교시 복습 | 하나님께서 여호수아를 가르치신 내용 중 가장 많이 반복하여 가르치신 것은 무엇인가요?

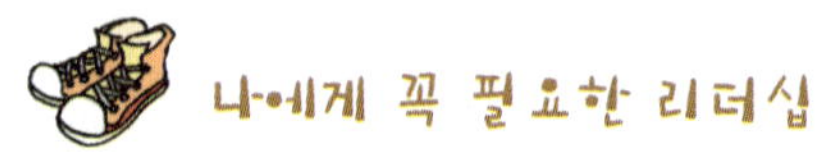

나에게 꼭 필요한 리더십

'여호와의 리더십 학교' 마지막 시간입니다. 8주 동안 배웠던 다양한 리더십들 가운데 가장 기억에 남는 리더십은 무엇인가요? 그리고 나에게 필요한 리더십은 무엇인가요? 리더 임명식을 하기 전에 다시 한 번 점검해봅시다.

가장 기억에 남는 리더십 BEST 3

1. 의 리더십

본받고 싶은 요소 :

2. 의 리더십

본받고 싶은 요소 :

3. 의 리더십

본받고 싶은 요소 :

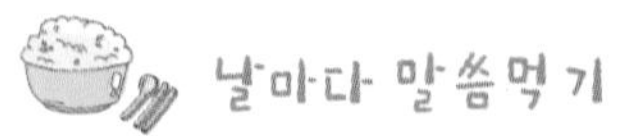

창세기	1	2	3	4	5	6	7	8	9	10	11	12	13	14	15	16	17	18	19	20	21	22	23	24	25
	26	27	28	29	30	31	32	33	34	35	36	37	38	39	40	41	42	43	44	45	46	47	48	49	50
출애굽기	1	2	3	4	5	6	7	8	9	10	11	12	13	14	15	16	17	18	19	20	21	22	23	24	25
	26	27	28	29	30	31	32	33	34	35	36	37	38	39	40										
레위기	1	2	3	4	5	6	7	8	9	10	11	12	13	14	15	16	17	18	19	20	21	22	23	24	25
	26	27																							
민수기	1	2	3	4	5	6	7	8	9	10	11	12	13	14	15	16	17	18	19	20	21	22	23	24	25
	26	27	28	29	30	31	32	33	34	35	36														
신명기	1	2	3	4	5	6	7	8	9	10	11	12	13	14	15	16	17	18	19	20	21	22	23	24	25
	26	27	28	29	30	31	32	33	34																
여호수아	1	2	3	4	5	6	7	8	9	10	11	12	13	14	15	16	17	18	19	20	21	22	23	24	
사사기	1	2	3	4	5	6	7	8	9	10	11	12	13	14	15	16	17	18	19	20	21				
룻기	1	2	3	4																					
사무엘상	1	2	3	4	5	6	7	8	9	10	11	12	13	14	15	16	17	18	19	20	21	22	23	24	25
	26	27	28	29	30	31																			
사무엘하	1	2	3	4	5	6	7	8	9	10	11	12	13	14	15	16	17	18	19	20	21	22	23	24	
열왕기상	1	2	3	4	5	6	7	8	9	10	11	12	13	14	15	16	17	18	19	20	21	22			
열왕기하	1	2	3	4	5	6	7	8	9	10	11	12	13	14	15	16	17	18	19	20	21	22	23	24	25
역대상	1	2	3	4	5	6	7	8	9	10	11	12	13	14	15	16	17	18	19	20	21	22	23	24	25
	26	27	28	29																					
역대하	1	2	3	4	5	6	7	8	9	10	11	12	13	14	15	16	17	18	19	20	21	22	23	24	25
	26	27	28	29	30	31	32	33	34	35	36														
에스라	1	2	3	4	5	6	7	8	9	10															
느헤미야	1	2	3	4	5	6	7	8	9	10	11	12	13												
에스더	1	2	3	4	5	6	7	8	9	10															
욥기	1	2	3	4	5	6	7	8	9	10	11	12	13	14	15	16	17	18	19	20	21	22	23	24	25
	26	27	28	29	30	31	32	33	34	35	36	37	38	39	40	41	42								
시편	1	2	3	4	5	6	7	8	9	10	11	12	13	14	15	16	17	18	19	20	21	22	23	24	25
	26	27	28	29	30	31	32	33	34	35	36	37	38	39	40	41	42	43	44	45	46	47	48	49	50
	51	52	53	54	55	56	57	58	59	60	61	62	63	64	65	66	67	68	69	70	71	72	73	74	75
	76	77	78	79	80	81	82	83	84	85	86	87	88	89	90	91	92	93	94	95	96	97	98	99	100
	101	102	103	104	105	106	107	108	109	110	111	112	113	114	115	116	117	118	119	120	121	122	123	124	125
	126	127	128	129	130	131	132	133	134	135	136	137	138	139	140	141	142	143	144	145	146	147	148	149	150
잠언	1	2	3	4	5	6	7	8	9	10	11	12	13	14	15	16	17	18	19	20	21	22	23	24	25
	26	27	28	29	30	31																			
전도서	1	2	3	4	5	6	7	8	9	10	11	12													
아가	1	2	3	4	5	6	7	8																	
이사야	1	2	3	4	5	6	7	8	9	10	11	12	13	14	15	16	17	18	19	20	21	22	23	24	25
	26	27	28	29	30	31	32	33	34	35	36	37	38	39	40	41	42	43	44	45	46	47	48	49	50
	51	52	53	54	55	56	57	58	59	60	61	62	63	64	65	66									
예레미야	1	2	3	4	5	6	7	8	9	10	11	12	13	14	15	16	17	18	19	20	21	22	23	24	25
	26	27	28	29	30	31	32	33	34	35	36	37	38	39	40	41	42	43	44	45	46	47	48	49	50
	51	52																							
예레미야애가	1	2	3	4	5																				
에스겔	1	2	3	4	5	6	7	8	9	10	11	12	13	14	15	16	17	18	19	20	21	22	23	24	25
	26	27	28	29	30	31	32	33	34	35	36	37	38	39	40	41	42	43	44	45	46	47	48		

다니엘	1	2	3	4	5	6	7	8	9	10	11	12													
호세아	1	2	3	4	5	6	7	8	9	10	11	12	13	14											
요엘	1	2	3																						
아모스	1	2	3	4	5	6	7	8	9																
오바댜	1																								
요나	1	2	3	4																					
미가	1	2	3	4	5	6	7																		
나훔	1	2	3																						
하박국	1	2	3																						
스바냐	1	2	3																						
학개	1	2																							
스가랴	1	2	3	4	5	6	7	8	9	10	11	12	13	14											
말라기	1	2	3	4																					

마태복음	1	2	3	4	5	6	7	8	9	10	11	12	13	14	15	16	17	18	19	20	21	22	23	24	25
	26	27	28																						
마가복음	1	2	3	4	5	6	7	8	9	10	11	12	13	14	15	16									
누가복음	1	2	3	4	5	6	7	8	9	10	11	12	13	14	15	16	17	18	19	20	21	22	23	24	
요한복음	1	2	3	4	5	6	7	8	9	10	11	12	13	14	15	16	17	18	19	20	21				
사도행전	1	2	3	4	5	6	7	8	9	10	11	12	13	14	15	16	17	18	19	20	21	22	23	24	25
	26	27	28																						
로마서	1	2	3	4	5	6	7	8	9	10	11	12	13	14	15	16									
고린도전서	1	2	3	4	5	6	7	8	9	10	11	12	13	14	15	16									
고린도후서	1	2	3	4	5	6	7	8	9	10	11	12	13												
갈라디아서	1	2	3	4	5	6																			
에베소서	1	2	3	4	5	6																			
빌립보서	1	2	3	4																					
골로새서	1	2	3	4																					
데살로니가전서	1	2	3	4	5																				
데살로니가후서	1	2	3																						
디모데전서	1	2	3	4	5	6																			
디모데후서	1	2	3	4																					
디도서	1	2	3																						
빌레몬서	1																								
히브리서	1	2	3	4	5	6	7	8	9	10	11	12	13												
야고보서	1	2	3	4	5																				
베드로전서	1	2	3	4	5																				
베드로후서	1	2	3																						
요한일서	1	2	3	4	5																				
요한이서	1																								
요한삼서	1																								
유다서	1																								
요한계시록	1	2	3	4	5	6	7	8	9	10	11	12	13	14	15	16	17	18	19	20	21	22			

토틴만의 특별한 커리큘럼

◆ 전체 구성

	제목	내용
	새 친구를 위한 복음의 핵심	교회에 처음 나온 새 친구들을 위한 교재로 신앙의 기초를 든든히 다지는 내용입니다.
	신구약을 꿰뚫는 한눈에 보는 성경	신구약 파노라마로 구약은 시대와 등장인물을, 신약은 예수님과 초대교회를 중심으로 한 내용입니다.
1권 (1–4월)	하나님 안에서의 나의 신분	하나님 안에서 나를 발견하고 새롭게 변화되기, 그리고 사순절과 부활절에 대해 배웁니다.
2권 (5–8월)	거듭남, 그 이후	성경의 인물들과 예수님의 비유를 통해 거듭난 자로서 어떻게 살아가야 하는지에 대해 배웁니다.
3권 (9–12월)	비유로 배우는 하나님 나라	비유를 통해 하나님 나라를 배우고 소망하는 삶, 청소년들의 고민과 올바른 세계관 확립, 성탄절의 참 의미를 회복하는 내용으로 구성됩니다.
4권 (1–4월)	나는 예배자	예배가 무엇이며 예배자로 부름받은 나에 대해 배우고, 요한복음을 중심으로 한 사순절과 부활 절기를 다룹니다.
5권 (5–8월)	그리스도인의 관계형성	가정과 친구관계에서 그리스도인으로서의 정체성을 가지며, 성경 속 믿음의 인물들에 대해 배우고 나의 삶에 적용해봅니다.
6권 (9–12월)	어려운 질문	그리스도인으로 갖게 되는 어려운 질문들을 함께 생각해보고, 후반부에는 대림절과 크리스마스를 위한 내용을 배웁니다.
7권 (1–4월)	하나님과 친밀함 누리기	일상생활에서 하나님과 친밀함을 누리는 영적 훈련에 대해 배우며, 약속을 성취하시는 예수님을 중심으로 사순절과 부활절의 의미를 배웁니다.
8권 (5–8월)	여호와의 리더십학교	온전한 크리스천 리더십으로 성장하기 위해 우리 마음을 아름답게 가꾸는 방법과 성경 속 다양한 리더십에 대해 배웁니다.
9권 (9–12월)	성숙한 교회 공동체	성경 속 다양한 교회 공동체에 대해 배우며 '빛'을 주제로 한 대림절과 성탄절, 그리고 영혼을 사랑하는 복음 전도에 대해 배웁니다.

◆ 기초튼튼 과정

새 친구를 위한 복음의 핵심

- 창조, 하나님이 하신 일
- 죄, 하나님을 슬프게 하는 일
- 예수님, 우리를 위한 선물
- 거듭남, 변화된 삶을 향해
- 성령, 도우시는 하나님
- 성경, 살아있는 생명의 말씀
- 교회, 예수님의 몸
- 예배, 하나님을 기쁘시게

신구약을 꿰뚫는 한눈에 보는 성경

구약이야기
- 창조와 타락 최초의 사람들
- 족장시대 약속을 받은 사람들
- 모세와 출애굽 약속의 땅을 향해
- 가나안 정복 젖과 꿀이 흐르는 땅
- 사사시대 시련과 실수
- 통일왕국시대 세 왕 이야기
- 분열왕국시대 하나님을 떠난 이스라엘
- 바벨론 유수와 포로 귀환 다시 세우는 이스라엘

신약이야기
- 예수님의 세 가지 사역
- 십자가와 부활, 승천
- 초대교회의 탄생
- 박해받는 초대교회
- 교회의 부흥과 베드로의 사역
- 안디옥 교회와 최초의 선교사
- 바울의 전도여행
- 로마로 향하는 바울

◆ 1권-3권

1권 하나님 안에서의 나의 신분

하나님 안에서의 나의 신분
- 나를 지으신 주님
- 사랑받는 나
- 나는 부족하더라도
- 하나님 아버지의 마음
- 나는 주님의 기쁨
- 축복의 통로
- 나는 주님의 성전
- 주의 전신갑주를 입고

사순절과 기쁨의 50일 Ⅰ
- 아들을 보내신 하나님
- 사람으로 오신 예수님
- 죄인의 친구
- 선한 목자
- 십자가를 지심
- 살아나신 그리스도
- 마라나타
- 성령의 열매

2권 거듭남 그 이후

거듭남의 비밀
- 집중분석, 죄
- 진정한 회개
- 위대한 용서
- 하나님의 무한사랑
- 거듭남1. 제2의 인생
- 거듭남2. 거듭남의 축복
- 거듭남3. 성장의 비밀
- 거듭남4. 구원의 확신

그리스도인의 삶
- 예수님을 만난 후
- 주님만 높이는 삶
- 진정한 기쁨이란
- 서로 사랑하기
- 남을 향한 손가락
- 가장 어려운 일, 용서
- 선한 영향력을 미치는 삶
- 하늘에 속한 그리스도인

3권 비유로 배우는 하나님 나라

비유로 배우는 하나님 나라
- 소금과 빛
- 반석 위에 지은 집
- 선한 사마리아인
- 결실을 맺는 땅
- 포도원 품꾼
- 열 처녀 이야기
- 달란트 비유
- 양과 염소의 비유

청소년의 삶과 고민
- 스타에 열광하는 당신
- 따돌림도 죄가 되나요?
- 누가 좀 말려줘요!
- 그리스도인의 이성교제

대림절과 크리스마스 Ⅰ
- 약속 그대로
- 성탄목의 의미
- 찬송을 넘어 기쁨으로
- 성탄예배 선물

◆ 4권–6권

4권 나는 예배자		5권 그리스도인의 관계형성		6권 어려운 질문	
나는 예배자	· 나는 예배자 · 춤추는 예배자 다윗 · 멈출 수 없는 예배 · 예배의 네 기둥 · 찬양과 예배 · 함께 드리는 기도 · 드림의 비밀 · 안식일의 주인	그리스도인의 관계형성	· 부모님 공경하기 · 싸우는 가정 · 깨어진 가정 · 믿지 않는 가정 · 다윗의 친구 요나단 · 중풍병자의 네 친구 · 우정의 황금률1. 선한 충고 · 우정의 황금률2. 섬김	기도베이직	· 기도 베이직 · 기도의 모범답안, 주기도문 · 어려울 때 드리는 기도 · 응답받는 믿음의 기도
				어려운 질문	· 응답받지 못하는 기도의 이유는? · 사탄은 정말로 있을까? · 지옥은 정말로 있을까? · 이단이 도대체 뭐야? · 중독, 어두운 그림자 · 내가 고통당할 때 하나님은 어디 계시는가? · 내가 믿음 때문에 손가락질 당할 때 하나님은 어디 계시는가? · 내가 죽고 싶을 때 하나님은 어디 계시는가?
사순절과 기쁨의 50일 II	· 향유를 부은 마리아 · 예루살렘으로 가는 길 · 마지막 설교, 한 알의 밀 · 고난과 영광의 길 · 부활하신 주님 · 디베랴 바닷가 · 감람산에서 · 마가의 다락방	믿음의 영웅들	· 믿음의 영웅들 · 순종하는 믿음, 노아 · 내려놓음의 축복, 아브라함 · 시련을 이기는 믿음, 요셉 · 인생을 바꾼 믿음, 라합 · 기적을 부르는 믿음, 바디매오 · 믿기 어려울 때 · 칭찬받는 믿음	대림절과 크리스마스 II	· 가브리엘의 방문 · 성령으로 기뻐한 사람들 · 베들레헴에 오신 왕 · 성탄예배 찬송하는 목자들

◆ 7권–9권

7권 하나님과 친밀함 누리기		8권 여호와의 리더십 학교		9권 성숙한 교회 공동체	
하나님과 친밀함 누리기	· 하나님의 우선순위 · 하나님은 나의 주? · 인생 나침판 · 친밀함으로 한걸음 말씀읽기 · 친밀함으로 한걸음 말씀처럼 · 친밀함으로 한걸음 거룩하게 · 성령님과 함께 걸어요 · 주님 다시 오실때까지	내면의 삶 가꾸기	· 걱정거리 · 열등감 · 탐욕 · 분노 · 강요 · 위선 · 영적 실패 · 경시	성숙한 교회 공동체	· 그리스도의 몸된 교회 · 하나의 교회 · 한몸된 지체를 사랑하는 교회 · 예배공동체 · 품어주고 회복시키는 교회 · 부스러기 절대사절 · 선교하는 공동체 · 뜨겁든지 차갑든지
사순절과 기쁨의 50일 III	· 약속 · 약속으로의 초대 · 거절당한 예수님 · 마지막 수업 · 흔들 수 없는 결심 · 가상칠언 · 부활의 증인되기 · 성령받은 후에	여호와의 리더십 학교	· 희생과 섬김 · 사람 끌어안기 · 하나님께 묻는 리더 · 모세의 링커십 · 여호수아의 팔로어십 · 반면교사 솔로몬 · 느헤미야 프로젝트 · 리더 임명식	전도	· 주님의 부르심 · 나의 프로필 · 잃어버린 한 영혼 · 나만의 전도스타일
				대림절과 크리스마스 III	· 공의의 빛 · 기이한 빛 · 세상의 빛 · 성탄예배 빛의 축제

토틴시리즈 : 8권. 여호와의 리더십 학교

1판 1쇄 2013년 12월 5일
1판 2쇄 2015년 1월 5일
2판 3쇄 2025년 5월 20일

지은이 토기장이 교재연구팀
일러스트 김미용
대표 조애신
책임편집 김정민, 조미래
편집 이소연
디자인 지은주, 임은미
마케팅 전필영
경영지원 전두표

발행처 도서출판 토기장이
주소 서울시 마포구 동교로 71-1 2F
출판등록 1998년 5월 29일 제1998-000070호
전화 02-3143-0400
팩스 0505-300-0646
이메일 tletter77@naver.com
인스타그램 togijangi_books_

ISBN 978-89-7782-299-3

도서출판 토기장이는 생명 있는 책만 만듭니다.
"우리는 진흙이요 주는 토기장이시니 우리는 다 주의 손으로 지으신 것이니이다" (이사야 64:8)